에라스무스 지음 | 차기태 옮김

바보 여신의
바보 예찬

필맥

바보 여신의 바보 예찬
Moriae Encomium (Stultitiae Laus)

지은이 | 데시데리우스 에라스무스(Desiderius Erasmus)
옮긴이 | 차기태

1판 1쇄 펴낸날 | 2011년 5월 20일
1판 2쇄 펴낸날 | 2011년 7월 10일

펴낸이 | 이주명
편집 | 문나영
출력 | 문형사
인쇄 | 한영문화사
제본 | 한영제책사

펴낸곳 | 필맥
출판등록 | 제2003-63호
주소 | 서울시 서대문구 충정로2가 184-4 경기빌딩 606호
홈페이지 | www.philmac.co.kr
전화 | 02-392-4491
팩스 | 02-392-4492

ISBN 978-89-91071-88-9(03800)

* 잘못된 책은 바꿔드립니다.
* 값은 뒤표지에 있습니다.

이 도서의 국립중앙도서관 출판시도서목록(CIP)은 e-CIP 홈페이지(http://www.nl.go.kr/cip.php)에서 이용하실 수 있습니다.(CIP제어번호: CIP2011001869)

에라스무스

차례

토머스 모어에게 보내는 편지 · 7

바보 여신의 바보 예찬 · 13

옮긴이의 후기 · 276

참고문헌 : 289

토머스 모어에게 보내는 편지

로테르담의 에라스무스가 친애하는 토머스 모어에게

얼마 전에 내가 이탈리아를 떠나 잉글랜드에 도착해서 말을 타고 가는 동안 무사 여신들과는 아무 상관도 없는 잡다한 공상만 할 수는 없었네. 그래서 나는 우리의 공동연구*에 관해 무엇인가 하고 싶다는 생각을 했네. 또한 내가 두고 온 학식 깊고 다정한 친구들을 즐거운 마음으로 회상하곤 했네. 그대, 나의 모어는 여러 친구 가운데서도 가장 먼저 떠올랐네. 그대가 지금 내 곁에 있지는 않지만, 나는 우리가 함께 즐거움을 나누던 시절의 추억을 되새기곤 하네. 그 추억은 내가 살아가면서 특별한 일이 생기지 않는 한 결코 사라지

---

* 에라스무스는 세 차례 영국을 방문하면서 토머스 모어와 절친하게 지냈다. 특히 1505년에 영국을 방문했을 때 그는 그리스어와 그리스 문학을 모어와 함께 연구했고, 2세기에 활동한 그리스의 작가 루키아노스의 작품을 라틴어로 번역하기도 했다. 여기서 말하는 '공동연구'도 그리스의 고전에 대한 공동연구를 가리킨 것으로 추측된다.

지 않을 것일세. 그러므로 분명히 무언가를 하긴 해야 하겠지만, 너무 진지한 논의를 하는 것은 그다지 어울리지 않을 것 같았네. 그래서 바보 여신과 노닐기로 한 것이네.

어떤 팔라스 여신이 나에게 그런 생각을 하게 만들었느냐고 그대는 묻겠지? 우선 모어(More)라는 그대의 성이 모리아(Moria, 바보)라는 그리스어 낱말의 발음과 유사하네. 그렇지만 그대는 바보와는 거리가 먼 사람이지. 누구에게 의견을 물어봐도 그대는 바보와는 가장 먼 사람이라고 할 걸세. 다음으로 우리의 이런 지적인 놀이가 특히 그대로부터 아낌없는 지지를 받을 것이라고 생각했네. 왜냐하면 그대도 이런 종류의 지적 놀이를 즐기는 사람이기 때문이지. 내가 잘못 생각하는 것이 아니라면 이것은 몰상식하거나 저급한 농지거리가 아니네. 평소 생활 속에서 그대가 따라 하기를 좋아했던 데모크리토스가 하던 그대로일세. 물론 그대는 남다른 지성을 지니고 있어 천박한 즐거움을 멀리하고 있기는 하지만, 쾌활한 성격과 넓은 아량도 지니고 있기에 인간의 모든 것을 함께 하고 즐길 줄 아는 사람이네. 그러므로 이 책을 그대의 친구가 남긴 기념물로 흔쾌히 받아주기를 바라네. 뿐만 아니라 이 책을 잘 지켜주기 바라네. 이것은 그대에게 헌정된 것이므로, 이제 나의 것이 아니고 그대의 것이라네.

아마도 앞으로 이 책을 헐뜯는 사람들이 없지 않을 것일세. 어떤 이들은 이 책이 너무 경박해서 신학자에게는 어울리지 않는다고 할 것이고, 또 너무 신랄하여 기독교인의 성품과 일치하지 않을 것이라고 주장하는 사람도 있을 것이네. 그들은 내가 옛날의 희극과 루키아노스를 들먹이면서 모든 것을 나쁘게만 말한다고 외칠 것이네. 내가 풀어놓는 이야기들이 경박하고 우스갯소리 같다고 언짢아하는 사람들이 혹시 있다면, 그 이야기들은 내가 새로 만들어낸 것이 아니라 이미 오래전에 위대한 작가들이 창작한 것임을 생각해보기를 바란다는 말을 그들에게 해주고 싶네. 아득한 옛날에 호메로스는 《쥐와 개구리의 싸움》을 쓰면서 심심치 않게 시간을 보낸 바 있고, 베르길리우스는 《각다귀》와 《흰 치즈 샐러드》로, 오비디우스는 《호도나무》로 각각 재미를 보았네. 폴리크라테스는 부시리스를 찬양했지만, 이소크라테스는 그를 질책했네. 글라우콘은 불의를 예찬했고, 파보리누스는 테르시테스와 4일열*을 찬양했으며, 시네시스는 《대머리 예찬》을 지었네. 루키아노스는 파리와 기생충을 찬미했고, 세네카는 《신성한 클라우디우스 황제 바보 만들기》를 썼네. 플루타르코스는 그릴로스와 오디세우스의 대화를 쓰고는 좋아했고, 루키아노스와 아풀레이우스는 당나귀를 소재로 한 작품을 남겼지. 이름은 내가 모르겠지만 어떤 이는 그루니우스 코로롯타라고 하는 새끼돼지의 유언을 지어냈는데, 이것은 성 히에로니무스의 책에도 수록됐네. 만약에 누군가가 내가 쓰는 이 책을 검열하게 된다면, 내가 기분전환을 위해 장기를 두거나 긴 갈대 위에 올라타고 말 타기 놀이를 하듯이 이 책을 썼다고 그가 생각해주기를 바라고 있네.

---

* 말라리아의 일종.

사람은 누구나 삶의 여로에 어울리는 자신의 오락을 즐길 수가 있네. 그런데 지식인에 속하는 사람에게는 어떠한 놀이도 허용되지 않다면 그것은 불공평하네. 더욱이 가벼운 놀이도 하다 보면 좀더 진지한 일로 바뀌기도 하는 것 아닌가? 그리고 독자가 완전히 아둔한 사람이 아니라면 그런 놀이로 씌어진 책에서 얻는 소득이 엄숙하고 거대한 논의에서 얻는 수확보다 더 클 수도 있을 것이네. 어떤 사람은 얼기설기 꿰어 맞춘 연설로 수사학이나 철학을 칭송하고, 어떤 사람은 군주에 대한 송덕문을 늘어놓으며, 어떤 사람은 투르크인과 전쟁을 벌이라고 부추기네. 또 어떤 인간은 미래를 예측한다고 하고, 어떤 인간은 양털에 관한 잡스러운 문제를 새로 제기하기도 하네. 진지한 주제를 시시한 것처럼 다루는 것보다 가소로운 일은 없지. 반면에 시시한 주제를 잘 다뤄 그것이 진지한 것처럼 여겨지게 하는 것보다 더 재미있는 일은 없다네. 나에 대해서는 제3자가 판단을 내릴 것일세. 그렇지만 내가 공허한 자기사랑에 속고 있는 것이 아니라면, 바보 여신을 예찬하는 것이 결코 어리석은 일은 아닐 것이네.

이제 풍자의 글에 대한 비난에 대해서도 대답하고자 하네. 지식인에게는 예로부터 자유가 허용돼왔네. 지식인은 인간의 공통된 삶에 대한 익살의 말을 자유롭게 해왔고, 그런 자유가 몰상식한 주장으로 귀결되지 않는다면 처벌을 받을 일도 없네. 게다가 나는 때때로 이 시대의 귀가 보여주는 민감함에 놀라곤 하네. 엄숙한 칭호가 붙어 있지 않으면 어느 것도 들으려고 하지 않으니 말일세. 그대도 왜곡된 신앙의 모습을 꽤 많이 볼 걸세. 그리스도에 대한 몹시도 불경스러운 언사는 대충 넘기면서도 교황이나 군주에 대해서는 사소한 농담도 들으려고 하지 않지. 특히 그것이 빵과 관계된 경우에는 반응이 더 예민하네.

  나는 사실 묻고 싶네. 인간이 살아가는 모습에 대해 이야기하면서도 특정인의 이름을 꺼내지 않을 경우에 그것을 풍자라고 해야 할 것인가, 아니면 경고나 충고라고 해야 할 것인가? 나는 나 자신에 대해서도 끊임없이 비판하지 않는가? 모든 종류의 사람들이 관련된 풍자라면 그것을 어느 특정인의 악덕이 아닌 모든 인간의 악덕에 대해 공분을 표시한 것으로 볼 수 있지. 그러므로 그런 풍자로 말미암아 자기가 상처를 입었다고 느끼는 사람은 자기의 얼룩진 양심이나 뭔가 불안한 마음을 드러내는 셈일세. 성 히에로니무스는 이런 일에 있어서 매우 자유로운 태도와 신랄함을 보여주었고, 특정인의 이름을 밝히기를 주저하지 않았네.

  나는 이 책에서 특정인의 이름을 언급하기를 자제했을 뿐만 아니라 문체도 부드럽게 했네. 식견 있는 독자라면 내 의도가 즐거움을 주려는 것이지 고통을 주려는 것이 아님을 이해할 걸세. 나는 어디에서도 유베날리스가 한 것처럼 숨겨진 죄악의 하수구를 파헤치지 않았네. 지저분한 것보다는 웃음을 선사할 만한 것을 찾아내기 위해 노력했네. 내가 이렇게까지 이야기했는데도 여전히 못마땅해 하는 사람들은 바보 여신에게서 질책을 받는 것도 하나의 명예임을 상기하기를 바라네. 이 책에서 바보 여신이 하는 말은 내가 지어낸 것이므로 그녀의 모습과 태도가 적절한 품격을 유지하도록 신경 써야 할 필요가 물론 있었네.

그런데 내가 이렇게 장황한 이야기를 굳이 할 필요는 없었는데 한 것 같지? 어차피 그대는 이 작품을 변호해야 할 확실한 이유를 찾지 못하더라도 완벽하게 변호해줄 것이 틀림없는데 말일세. 학식이 깊은 모어여, 잘 있게. 그리고 그대의 바보 여신을 온전히 지켜주게.

1508년 6월 13일, 시골에서.*

---

* 1509년에 이탈리아를 떠나 영국에 간 에라스무스는 오랜 친구인 토머스 모어의 집에 머무르면서 1주일 만에 이 작품을 집필했다고 한다. 1508년이란 연도는 그렇게 알려진 사실과 부합하지 않는다. 그 해에는 에라스무스가 이탈리아에 있었다. 1511년에 《바보 여신의 바보 예찬》이 처음으로 출판됐을 때에는 연도와 날짜가 씌어있지 않았는데 그 뒤로 여러 번 중판되는 과정에서 다른 사람이 나중에 1508년이라는 연도를 잘못 끼워 넣었다는 것이 정설이다. 따라서 '시골에서'도 별 의미가 없다.

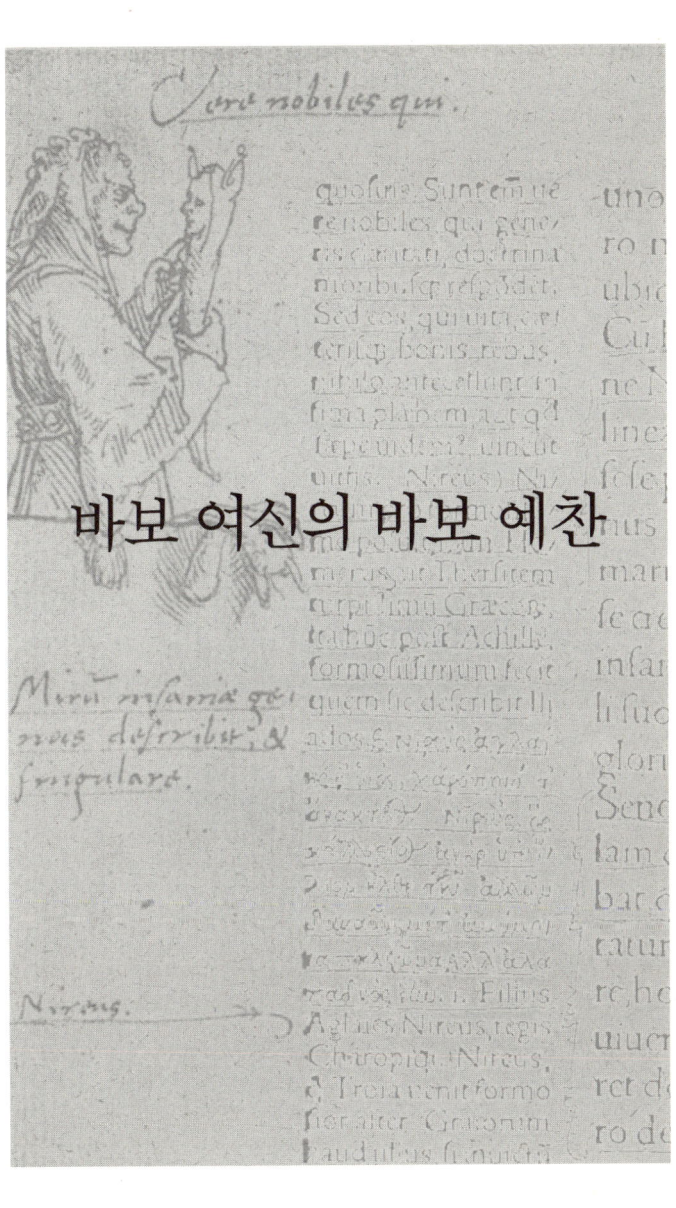

바보 여신의 바보 예찬

바보 여신이 말합니다.

사멸할 운명을 지닌 인간들이 나에 대해 온갖 말을 다 하고 있다는 것을 나는 너무나 잘 알고 있어요. 가장 바보 같은 사람들 사이에서도 이 바보 여신의 평판이 나쁘다는 것도 알아요. 그렇지만 나는 신으로서 가지고 있는 능력을 바탕으로 신과 인간의 마음을 즐겁게 해줄 수 있는 존재예요. 아니, 진실로 그렇게 할 수 있는 유일한 존재예요.
  증거는 충분해요. 바로 이 자리에도 그 증거가 있네요. 내가 여기 모인 여러분 앞에 강연하러 나오자 모든 사람의 얼굴표정이 뜻밖의 즐거움으로 금세 밝아졌거든요. 찡그린 표정도 어느새 눈 녹듯이 사라져버렸고.
  여기 나와 계신 여러분이 이렇게 기쁘고 행복한 미소를 지으며 박수를 치고 있으니, 내가 보기에는 여러분이 호메로스의 작품 속에서 신들이 들이키는 음료*를 마신 것 같군요. 시름을 잊게 해주는 네펜테♠도 약간 곁들인 것 같고요. 조금 전만 해도 여러분은 트로포니오스♣의 동굴에서 막 빠져나온 사람처럼 슬프고 걱정스러운 표정으로 앉아 있었는데 말이죠.

태양이 황금빛의 아름다운 모습을 대지 위로 드러낼 때, 또는 엄동설한이 지나고 새봄이 와서 따뜻한 서풍이 불어올 때면 만물은 언제나 새로운 광경을 연출해요. 새로운 빛깔을 얻고 젊음을 되찾죠. 이와 똑같이 내가 단지 여러분 앞에 모습을 드러내기만 했는데도 여러분의 모습이 완전히 달라졌네요. 위대한 웅변가들은 시간을 많이 써가면서 연설을 준비하지만, 막상 청중의 마음에서 걱정과 고통을 없애는 데는 어려움을 겪지요. 그러나 나는 내 모습을 보여주는 것만으로도 그 어려운 일을 단번에 해냈네요.

내가 왜 오늘 이렇게 해괴한 차림으로 나타났을까요? 이제 여러분이 내가 하는 말에 귀를 기울이기를 마다하지 않는다면 그 이유를 듣게 될 거예요. 그런데 내게 필요한 귀는 거룩한 설교자의 말을 듣

---

* 호메로스는 인류 최초의 서사시 《일리아스》와 《오디세이아》를 지은 사람으로 알려진 고대 그리스의 시인이다. 기원전 8세기에 살았던 것으로 전해진다. '신들이 들이키는 음료'는 그리스 신화에 나오는 신의 음료 '넥타르'를 가리킨다.
♠ 모든 근심과 걱정을 잊게 해준다는 약이다. 호메로스의 《오디세이아》 4권을 보면 트로이에서 돌아온 스파르타의 왕비 헬레네가 사람들이 마시는 포도주에 이 약을 섞어 넣는다.
♣ 그리스 신화에 나오는 뛰어난 건축가다. 그는 형제를 죽인 죄로 동굴 속에 매장된 뒤에 신탁을 들으러 오는 사람들에게 암울한 예언을 내려주었다고 한다.

기 위한 귀가 아니에요. 오히려 여러분이 흔히 저잣거리의 떠돌이 상인이나 광대와 바보들에게 열어놓곤 하는 귀가 필요해요. 그것은 바로 옛날에 우리의 미다스 왕이 판 신의 말을 들어주었던* 그런 귀예요.

나는 여러분 앞에서 소피스트 노릇을 하는 것 같아서 좋아요. 나는 오늘날의 젊은 사람 머릿속에 고통스럽기만 한 잡다한 지식을 우겨넣을 생각은 없어요. 말싸움하는 여자들보다 더 지독한 고집불통을 가르치려는 것도 아니에요. 오히려 나는 현인이라는 명예롭지 못한 호칭으로 불리기보다 소피스트라고 불리기를 원했던 고대인들을 따라 할 작정이에요.

그들의 주된 관심사는 신과 영웅에 대한 찬사를 늘어놓는 것이었죠. 여러분이 이제부터 듣게 될 칭송도 그런 것입니다. 그러나 헤라클레스♦나 솔론♦에 대한 찬사는 아닙니다. 그것은 바로 나 자신, 즉

---

* 미다스 왕은 오늘날의 터키에 해당하는 소아시아 지역의 프리기아 왕국을 다스린 왕이다. 오늘날 널리 회자되는 '미다스의 손'이라는 말을 낳은 주인공이다. 디오니소스 신으로부터 무엇이든 만지면 황금으로 바꿀 수 있는 능력을 받았다. 그런데 먹을 것까지 손으로 만지면 황금으로 변해 굶어죽을 처지에 몰리게 되자 자신의 탐욕을 뉘우치고 디오니소스에게 간청해서 원래 상태로 돌아갔다. 미다스는 이런 일을 겪은 뒤로 황금을 멀리하고 숲을 찾아다녔다. 숲 속에서 판 신과 아폴론 신이 피리와 리라로 연주 실력을 겨루자 미다스는 홀로 판 신의 편을 들었고, 이에 노한 아폴론 신이 미다스의 귀를 당나귀의 귀처럼 크게 늘여놓았다. 미다스는 당나귀 귀를 감추고 지냈지만, 이발사는 사실을 알게 됐다. 이발사는 그 사실을 차마 발설하지 못하고 들판으로 가서 구덩이를 판 다음에 거기에 "임금님 귀는 당나귀 귀"라는 말을 '녹음'하고 흙으로 구덩이를 덮었다. 그런데 그 자리에서 자라난 갈대가 바람에 흔들릴 때마다 "임금님 귀는 당나귀 귀"라는 소리를 '재생'했다. 우리의 고려시대에 일연 스님이 쓴 《삼국유사》의 경문왕 편에도 이와 비슷한 당나귀 귀 설화가 나온다.

바보 여신에 대한 예찬입니다.

일부 현자들은 자기 자신을 칭송하는 것은 가장 어리석고 염치없는 짓이라고 주장합니다. 그렇지만 나는 그런 사람들의 말을 대수롭게 생각하지 않아요. 어리석은 자가 되는 것이 내게는 가장 어울리는 일이에요. 자기 자신을 찬양하는 소리를 크게 외치는 것보다 바보 여신에게 더 어울리는 것이 어디 있겠어요? 누가 나 자신을 나보다 더 잘 표현할 수 있을까요? 혹시 누가 나에 대해 나보다 더 잘 안다면 몰라도. 그렇지만 그것은 불가능한 일이죠.

나는 대부분의 상류사회 사람들이나 학자 티를 내는 사람들보다는 더 큰 분별력을 보여줄 겁니다. 그런 사람들은 비뚤어진 자존심을 갖고 있어서 알랑거리는 이야기꾼이나 거짓으로 찬양해주는 시인에게 돈을 몇 푼 쥐어주기 일쑤입니다. 그리고 그 대가로 자신을 칭송하는 그들의 말을 좋아라고 듣습니다. 물론 그 말은 순전히 거짓으로 지어낸 것이죠. 그런데 그 말을 듣는 사람은 짐짓 부끄러운

♣ 제우스 신과 알크메네의 아들로서 힘이 장사이며 그리스 신화의 대표적인 영웅이다. 제우스 신의 아내인 헤라 여신의 미움을 받아 자기 자식들을 죽인 뒤 죄를 씻기 위해 12가지 고역을 치른다. 12가지 고역은 네메아의 사자 퇴치하기, 레르나의 늪에 사는 괴물 히드라 죽이기, 케리네이아의 임사슴 생포하기, 에우리만도스의 멧돼지 생포하기, 에우게이아스의 외양간 청소하기, 스팀팔로스의 새떼 몰아내기, 크레타의 황소 끌어오기, 디오메데스의 암말 생포하기, 히폴리테의 허리띠 가져오기, 게리온의 황소떼 몰고 오기, 헤스페리데스의 사과 따오기, 하데스의 케르베로스 끌어오기. 죽은 뒤에는 하늘에 올라가 신이 된다.

♠ 정치개혁을 단행하고 새로운 법전을 만든 고대 아테네의 입법자이자 정치가. 7명의 그리스 현인 가운데 한 사람이다. 귀족의 권력독점을 폐지하고 가혹한 범죄자 처벌 규정을 온건하게 바꾸었다. 일정 규모의 재산을 가진 시민 모두에게 민회에 참석할 권리를 부여하고 민회를 최고 주권기관으로 설정하는 등의 조치로 아테네 민주정치의 토대를 다졌다.

체하며 공작처럼 꼬리깃털을 펼치고 볏을 치켜 올립니다. 그런가 하면 뻔뻔스러운 아첨꾼은 그 쓸모없는 인간을 신에 버금가는 위치에 올려놓고 모든 덕의 완벽한 모범인 것처럼 묘사해줍니다. 물론 그 인간도 자신이 신의 반열에는 근처에도 가지 못한다는 것을 잘 압니다. 이런 식으로 해서 까마귀는 남의 깃털로 장식됩니다. 에티오피아인의 검은 피부가 흰색으로 표백되고, 심지어는 파리가 코끼리로 둔갑합니다.

마지막으로, 내 이야기를 뒷받침해주는 오래된 속담도 하나 있어요. 그 속담은 누군가 자신을 칭송해줄 사람이 없는 경우에는 자화자찬하는 것이 정당하다는 거예요. 그런데 나는 인간의 배은망덕에 대해, 아니 더 나은 표현으로는 인간의 둔감함에 대해 의아하게 생각하지 않을 수 없어요.

사람들은 누구나 내가 베푸는 은혜를 열렬히 바라고, 또 기꺼이 받아들입니다. 그러나 그뿐이에요. 이미 많은 세월이 흘렀는데도 바보 여신을 칭송하고 감사의 뜻을 밝힌 사람은 아무도 없었지 뭐예요. 그렇지만 부시리스*나 팔라리스♠ 같은 참주, 열병, 말라리아,

---

* 포세이돈 신과 리시아나사 사이에서 태어난 이집트의 왕. 리시아나사는 제우스 신과 이오 사이에서 태어난 에파포스의 딸이다. 이집트에 가뭄이 들었을 때 키프로스에서 온 예언자가 제우스 신에게 외국인을 제물로 바쳐야 가뭄에서 벗어날 수 있다고 하자 그 예언자를 제물로 바쳤다. 그 뒤에 헤라클레스가 헤스페리데스가 지키는 황금사과를 찾으러 가는 길에 드르자 그를 제물로 바치려고 하다가 도리어 죽임을 당했다.
♠ 시칠리아 섬의 아크라가스(현재의 아그리젠토)를 다스린 참주. 잔인한 군주의 전형으로 꼽힌다. 청동으로 황소를 만들고 사람을 그 안에 넣고 불에 구워 죽였다고 한다.

파리, 대머리, 갖가지 역병 등을 칭송하는 연설을 준비하기 위해 밤새 불을 밝힌 사람들은 결코 적지 않아요. 이제 여러분은 준비가 전혀 안 된 즉석강연이지만 그래서 더 진실한 이야기를 나한테서 듣게 될 거예요.

다른 강연자들은 재능을 뽐내기 위해 이야기를 지어내는 경우가 많다고 해요. 그렇지만 나는 여러분이 나에 대해서도 그렇게 생각하는 것을 원하지 않아요. 여러분도 알다시피 그들은 강연 하나를 준비하느라 30년이 걸렸다고 말하기도 하고, 강연원고를 놀이 삼아 단 사흘 만에 썼다거나 즉석에서 받아쓰게 했다고 큰소리치곤 합니다. 그러나 그들의 강연이 반드시 그들 자신의 작품이라고 할 수는 없어요.

나로 말할 것 같으면, 언제나 무엇이든 혀끝으로 나오는 말을 그대로 하기를 가장 좋아해요. 여러분이 흔히 듣는 수사적 연설의 수법을 나도 그대로 따를 것이라고 예단해서는 안 돼요. 또한 나에 대해 정의를 내리는 방식으로 설명을 하지 않을 것이며, 분류방식까지 동원하는 일은 더욱 없을 거예요. 세계 곳곳에 두루 미치고 온 세계가 다 함께 떠받드는 신의 힘을 한정짓거나 분류하는 것은 온당한 일이 아니죠.

내가 이렇게 여러분 앞에 있고 여러분이 나를 눈으로 직접 보고 있는데 마치 그림으로 묘사하듯이 나에 대한 정의를 굳이 내릴 필요가 있을까요? 나는 여러분이 보는 그대로예요. 진실로 좋은 것을 선사하는 여신이지요. 내 이름은 라틴어로 스툴티티아(STULTITIA),

그리스어로는 모리아(MORIA)라고 해요.

여러분이 내 용모를 봐도 내가 누구인지를 완전히 알 수 없을 거라는 듯이 내가 여러분에게 내 이야기를 더 할 필요는 없겠죠? 내가 미네르바나 현인이라고 주장하던 사람은 나를 단 한 번만 봐도 자기가 잘못 생각했음을 깨닫게 될 거예요. 말이 마음을 가장 적게 속이는 거울이라고 하지만, 이 경우에는 말이 별로 필요 없어요. 내 겉모습에는 꾸며지거나 거짓된 것이 전혀 없어요. 가슴속에 그 무엇을 감추고 있지도 않아요.

나는 어디에 있든지 내 모습 그대로예요. 누가 뭐라고 해도 나는 다른 존재가 될 수 없어요. 특히 지혜의 표상이라고 자처하는 사람들도 나를 보이지 않게 가릴 수는 없어요. 그들이 자주색 옷을 입은 원숭이나 사자가죽을 걸친 당나귀처럼 활보하며 위장을 하려고 아무리 애써도 그들의 귀는 미다스처럼 쫑긋 서 있지요.

그런데 사실 내 은혜를 모르는 사람들도 있어요. 나의 동아리 안에 있으면서도 사람들이 자기를 내 이름과 관련지어 말하는 것을 부끄러워하는 사람들이죠. 그들은 다른 사람의 악덕을 비난할 때 내 이름을 들먹여요. 그들은 사실 '완전한 바보'들이에요. 그런데도 그들은 살아 있는 현인이나 탈레스♣로 대우받기를 원하죠. 그러니 그들 모두에게 가장 좋은 이름은 '바보 현인'이 아닐까요?

♣ 소아시아 반도에 있는 밀레토스에서 태어나 기원전 6세기에 활동한 고대 그리스의 철학자. 물이 만물의 근원이라고 주장했다. 일식을 정확하게 예측하고 막대기와 피라미드의 그림자를 이용해 피라미드의 높이를 계산한 것으로 전해진다.

내가 지금 다시 오늘날의 수사적 연설자들을 흉내 내는 것 같네요. 그들은 말거머리처럼 두 개의 혀를 가지고 있고, 자기가 살아있는 신이라도 된 양 착각하고 있어요. 그리고 라틴어로 말하다가 모자이크 조각처럼 그리스어 낱말을 몇 개 끼워 넣고는 스스로 대단한 일을 했다고 생각하죠. 그 낱말이 아무리 어울리지 않더라도 아랑곳하지 않아요. 그런 진귀한 낱말이 바닥나면 곰팡이냄새 나는 책 속에서 낡아빠진 낱말을 네댓 개 더 찾아냅니다. 그렇지만 그런 낱말을 이용한 표현은 독자를 더욱 알쏭달쏭하게 만들 뿐이에요. 내가 보기에, 그 뜻을 이해하는 사람은 더욱더 희열을 느끼고 그 뜻을 이해하지 못하는 사람은 이해하지 못할수록 더 맹목적으로 감탄합니다.

사실 나를 따르는 사람들은 가장 낯선 것을 접할 때 특별한 즐거움을 느끼곤 합니다. 그런 사람들 중에서도 허세가 가장 강한 자는 자기가 남보다 이해를 더 잘 한다는 것을 과시하기 위해 웃고 박수 치고 당나귀처럼 귀를 쫑긋거리죠. 그들은 그렇게 하라고 내버려두고 나는 이제 나의 주제로 돌아가겠습니다.

이제 여러분은 내 이름을 알았죠? 그런데 나를 따르는 사람들에게는 어떤 수식어를 붙여줘야 할까요? '가장 어리석은' 이라는 말밖에 없겠지요? 바보 여신이 숭배자들에게 붙여줄 수 있는 별명으로 이보다 더 적절한 것이 있을까요?

먼저 무사 여신들*의 도움을 받아 나의 가문에 대해 설명해보겠어요. 나의 가문을 아는 사람은 그리 많지 않거든요. 나의 아버지는 카오스,♠ 사트루누스,♣ 이아페토스♤나 그 밖의 고리타분한 신이 아니에요. 호메로스와 헤시오도스♧와 제우스 신에게는 거슬리는 이야기일지는 모르겠지만, 모든 신과 인간의 유일한 아버지인 플루토스 신†이 나의 아버지예요. 그 신이 그저 고개만 끄덕거려도 성스러운 것이든 속된 것이든 모든 것이 뒤죽박죽돼버려요. 이는 옛날이나 오늘날이나 마찬가지예요. 전쟁과 평화, 황제, 의회, 재판, 집회, 결혼, 계약, 조약, 법률, 예술, 오락, 모종의 중대한 일…, 내가 다 숨이 찰 지경이네요. 한마디로 인간의 공적인 업무와 사적인 일이 모두 그 신의 뜻대로 돼요. 그의 도움 없이는 시인들이 묘사한 모든

---

* 그리스 신화에서 시와 음악 등 문화예술을 돕는 역할을 하는 9명의 여신으로 모두 제우스 신과 기억의 여신 므네모시네의 딸이다. 헤시오도스의 《신통기》에는 "무사 여신들의 사랑을 받은 자는 축복받은 자. 그의 입에서는 달콤한 말이 절로 흘러나오기 때문이다"라고 씌어 있다. 에라스무스가 여기서 무사 여신들의 도움을 받겠다고 한 것은 헤시오도스, 호메로스, 베르길리우스 등 그리스와 로마의 시인들이 작품을 쓸 때 무사 여신들을 불러들이던 전통을 따른 것으로 보인다. 호메로스의 《일리아스》는 "노래하소서 여신이여!"로 시작되고, 로마의 서사시인 베르길리우스도 《아이네이스》의 도입부에서 "무사 여신들이여 말씀해주소서!"라고 한 다음에 본론으로 들어간다. 호메로스의 《오디세이아》도 그 첫머리가 '들어주소서 무사 여신들이여!'라고 돼있다.
♠ 태초의 혼돈상태를 가리키는 말. 헤시오도스가 《신통기》에서 이 말을 처음으로 사용했다.
♣ 고대 이탈리아의 농경신이다 대개 그리스의 크로노스와 동일시된다. 사람들에게 들판을 경작하고 문명의 혜택을 누리는 방법을 가르친 신이다.
♤ 하늘을 지배하는 신인 우라노스와 대지의 여신인 가이아 사이에서 태어난 티탄 족 12신의 일원.
♧ 호메로스와 비슷한 시기에 활동한 고대 그리스의 음유시인. 그리스 신들의 계보를 정리한 《신통기》와 사시사철의 변화에 따라 해야 할 농사일과 근면한 노동의 중요성을 주제로 한 《노동과 나날》을 지었다.
† 풍요의 신. 농경의 여신 데메테르와 반신반인인 이아시온 사이에서 태어났다.

바보 여신의 바보 예찬 25

신, 또는 좀더 과감하게 말하면 선택된 신*들도 절대로 존재할 수 없거나 설사 존재하더라도 집에서 찬밥이나 먹고 살아야 할 겁니다. 만약에 누군가가 플루토스 신을 화나게 한다면 팔라스 신♠도 그를 구해주지 못할 거예요. 반대로 플루토스 신의 호의를 얻은 사람은 최고 신인 제우스까지도 번개로 묶어버릴 수 있어요.

그가 나의 아버지라는 것이 내게는 큰 자랑이에요. 그리고 그는 제우스 신이 까칠한 아테나 여신을 낳을 때처럼 나를 그의 머리에서 낳아준 것도 아니에요. 그는 모든 요정 가운데서 가장 사랑스럽고 즐거움이 넘치는 요정 '청춘'♣으로부터 내가 태어나게 해줬어요. 그는 다리가 몹시 불편한 저 대장장이의 부모처럼 따분한 결혼생활에 묶여 있지도 않았어요. 오히려 호메로스가 묘사했듯이 그 요정과 훨씬 더 달콤한 사랑을 나누었어요.

게다가 나의 아버지는 아리스토파네스♤의 작품에 묘사된 플루토

---

* 올림포스에 있다는 12신을 가리키는 듯하다. 기원전 2세기에 알렉산드리아에서 활동한 문헌학자 아폴로도로스에 따르면 올림포스 12신의 이름은 다음과 같다(괄호 밖은 그리스식 이름, 괄호 안은 로마식 이름). 제우스(유피테르), 헤라(유노), 포세이돈(넵투누스), 데메테르(케레스), 아테나(미네르바), 아폴론(아폴로), 아르테미스(디아나), 아프로디테(베누스), 헤파이스토스(불카누스), 아레스(마르스), 헤르메스(메르쿠리우스), 디오니소스(바쿠스).
♠ 아테나 여신의 다른 이름이다.
♣ 그리스로마 신화에서 '청춘'은 여신이다. 그리스 신화의 '헤베'와 로마 신화의 '유벤타스'가 바로 청춘 여신이다. 그렇지만 여기서는 요정으로 지칭됐다. 청춘 여신은 신들의 모임에서 술잔을 채워주는 일을 한다.
♤ 기원전 5~4세기에 활동한 고대 그리스의 희극 작가. 소크라테스를 비꼰 작품으로 널리 알려진 《구름》을 비롯해 《벌》, 《개구리》, 《여자들의 제전》, 《여자들의 평화》 등 작품 11편이 오늘날까지 남아 있다. 여기서 에라스무스가 가리키는 작품은 《플루토스》인 것으로 보인다. 이 작품에는 플루토스 신이 제우스 신의 미움을 받아 시력을 상실한 노인으로 나온다.

스 신이 아닙니다. 이 점, 여러분이 착오를 일으키면 안 됩니다. 그 플루토스 신은 반쯤 눈이 멀고 너무 늙어서 무덤에 들어가기 직전에 와있죠. 반대로 나의 아버지는 건장하고 젊음의 뜨거운 피가 넘치는 플루토스 신입니다. 젊을 뿐만 아니라 신들의 연회에서 거나하게 마신 넥타르 덕분에 피가 더 뜨거워지곤 합니다.

여러분은 또한 내가 태어난 곳이 어디냐고 묻겠지요? 요즘 세상 사람들은 태어나서 첫 울음을 토한 곳이 어디인지가 귀한 신분인지 아닌지를 파악하는 데 매우 중요하다고 생각하니까요. 내가 태어난 곳은 떠도는 델로스 섬*도 아니요, 바다의 파도♠도 아니요, 텅 빈 동굴♣도 아니랍니다. 나는 바로 행복의 섬♤에서 태어났어요.

그곳에서는 노동이나 노령의 고통, 병고 같은 것은 몰라요. 들판

---

* 에게 해에 있는 섬으로 그리스 신화에서 아폴론 신과 아르테미스 여신이 태어난 곳이다. 제우스 신의 아이를 임신한 어머니 레토 여신이 헤라 여신의 질투 때문에 출산할 곳을 찾지 못해 이곳저곳을 돌아다닐 때 델로스 섬만이 출산장소를 내줬다. 그때까지 떠돌아다니던 델로스 섬은 이런 선행에 대한 보상으로 '뿌리'를 내릴 수 있게 됐다.

♠ 아프로디테 여신의 탄생에 관한 설화를 가리킨다. 그리스 신화에서 크로노스 신이 자기 아버지이자 하늘의 지배자인 우라노스 신의 남근을 잘라내자 바다에 떨어진 그의 남근과 파도와 결합해 아프로디테를 탄생시켰다. 르네상스 시대의 화가 보티첼리가 그린 〈비너스의 탄생〉은 바로 이 설화를 바탕으로 한 명작이다.

♣ 이를테면 바다의 신 네레우스의 딸 50명이 바다 속 동굴에서 태어났다는 설화가 있다.

♤ 행복의 섬은 고대 그리스의 여러 작품에 선량한 사람이 죽은 후에 그의 영혼이 가는 '사후의 이상향'으로 그려져 있다. 그곳에 간 영혼은 아무런 걱정 없이 그야말로 편안한 생활을 하게 된다고 한다. 이런 관념은 플라톤의 《국가》 7권과 《파이돈》, 《향연》 등에서도 볼 수 있다. 피타고라스는 태양과 달을 행복의 섬으로 여겼다. 문학에서는 그리스의 호메로스, 로마의 호라티우스, 피렌체의 단테 알리기에리, 영국의 존 밀턴 등이 '행복의 섬'을 이야기한다. 밀턴의 서사시 《실락원》 3편에는 "행복의 들과 숲과 꽃의 계곡이 있

는 저 헤스페리아 동산과도 같은 행복의 '섬"이라는 구절이 나온다. 오스트리아의 작곡가 구스타프 말러(1860~1911)가 작곡한 교향곡 제4번 4악장의 성악곡에도 행복의 섬을 연상시키는 대목이 있다. 그 가사의 일부를 인용하면 다음과 같다.

    모든 종류의 야채가 천국의 정원엔 가득하네.
    아스파라가스, 완두콩, 그 외 무엇이든지.
    모든 음식이 예비되어 있네.
    사과, 배, 포도 등, 정원사는 우리가 원하는 것을
    무엇이든 준다네.

에 백합, 아욱, 양파, 완두 따위의 흔해빠진 식물은 자라지 않아요. 그 대신 몰리, 만병통치약(파나케이아), 시름을 잊게 해주는 약(네펜테), 마요라나, 암브로시아, 로토스; 장미와 제비꽃과 히아신스 등의 꽃과 풀,* 그리고 아도니스의 정원♠이 있어서 눈과 코를 즐겁게 해줘요.

나는 이렇게 기쁨이 가득 찬 곳에서 태어났기 때문에 이 세상에 나올 때 울지 않고 어머니를 보자마자 방긋 웃었어요. 나는 '크로노스의 힘 있는 아드님'이 어여쁜 암양에 의해 양육됐다고 해서 부러워하지 않아요.♣ 내게도 무척 아리따운 유모요정 두 분이 있으니까요. 바쿠스 신의 딸 메테(취기)와 판 신♤의 딸 아파이디아(무지)가

---

* 몰리는 호메로스의 《오디세이아》 10권에서 헤르메스 신이 마녀 키르케의 마법을 막는 데 쓰라고 오디세우스에게 준 식물이다. 뿌리는 검고 꽃은 우유빛이라고 한다. 파나케이아와 마요라나는 플리니우스의 《박물지》에 나오는 향기 나는 식물이고, 암브로시아는 그리스 신화에서 신들이 먹는 음식이다. 로토스는 《오디세이아》 9권에 나오는 식물인데, 이것을 먹으면 고향을 잃어버리게 된다고 한다.
♠ 아도니스는 그리스 신화에 미의 여신 아프로디테의 애인으로 나오는 미소년이다. 아도니스가 사냥을 하다가 멧돼지의 습격을 받고 죽자 아프로디테가 그를 생각하며 추모제를 창설했다. 이 추모제에서는 단지나 궤짝에 씨를 뿌린 뒤 더운 물을 주어 식물을 빨리 자라게 했다. 이런 방식으로 식물이 재배된 화분을 '아도니스의 정원'이라고 한다.
♣ 호메로스는 《일리아스》에서 제우스 신을 '크로노스의 힘 있는 아들'이라고 표현했다. 제우스 신은 아버지 크로노스 신이 자식들을 하나하나 집어삼키자 어머니 레아 여신에 의해 크레타 섬으로 빼돌려졌다. 제우스 신은 크레타 섬에서 동굴 속에 숨은 채 암양 아말테이아의 젖을 먹으며 자랐다.
♤ 목장과 산양의 신이다. 생김새도 산양의 모습을 하고 있고 머리에 작은 뿔이 돋아 있다. 음악에 뛰어난 재능을 갖고 있는 반면에 화를 잘 내고 공포감을 주는 신으로 묘사되기도 한다. 영어 단어 panic의 어원이다.

바로 그들이에요.

여러분은 지금 나의 다른 시종들과 함께 여기 와 있는 그 두 요정을 보고 있어요. 여러분이 이 시종들 모두의 이름을 알고 싶어 한다면 내가 그리스어로 된 그들의 이름을 소개하겠어요.

눈썹을 추켜올린 이 여자시종은 필라우티아(자기사랑)예요. 눈웃음을 지으며 손뼉을 치는 이 시종은 콜라키아(아첨)예요. 반쯤 깨어나서 졸린 모습을 하고 있는 이 시종은 레테(망각)라고 하고, 두 손을 포갠 채 팔꿈치에 기대고 있는 이 아이는 미사포니아(게으름)라고 불러요. 장미화환을 걸치고 그 향기에 취해 있는 이 시종은 헤도네(쾌락)예요. 눈을 잠시도 가만두지 못하고 굴려대는 이 친구는 아노이아(광기)이고, 혈색이 좋고 토실토실한 이 처녀는 트리페(관능)라는 이름을 갖고 있어요. 두 분의 신도 함께 계시네요. 한 분은 코몬(환락)이라고 불리고, 다른 한 분은 네그레토스 히프노스(깊은 잠)예요.

이들은 모두 나의 충실한 시종이어서 내가 온 세계를 지배하도록 도와주고 있어요. 덕분에 나는 제왕들에게도 호령을 하고 있지요.

지금까지 여러분은 나의 출생과 양육, 그리고 나의 동반자들에 관한 이야기를 들었어요. 그런데 내가 근거도 없이 여신의 이름을 참칭한다는 인상을 주고 싶지는 않아요. 그래서 내가 신과 인간을 얼마나 이롭게 하고, 나의 신적 능력이 어디까지 미치는지도 여러분에게 말씀드리겠어요. 그러니 귀를 바짝 세우고 잘 들어보세요.

누군가가 그럴듯하게 썼듯이 신은 인간에게 도움을 주는 존재에요. 포도주와 곡식과 그 밖의 요긴한 것들을 인간에게 전해주었다면 신들의 모임에 들어갈 자격이 있겠죠? 그렇다면 내가 모든 신 중의 알파*라고 인정받지 못할 이유가 어디 있어요? 나도 모든 인간에게 모든 것을 아낌없이 베풀었거든요.

우선 삶 자체보다 더 달콤하고 소중한 것이 어디 있겠어요? 생명이 시작된 것이 과연 나 말고 누구 덕분이라고 할 수 있나요? 인류가 자식을 낳고 번성하는 것은 힘 있는 아버지를 둔 팔라스 여신의 창 덕분도 아니요, 구름을 모으는 제우스 신의 방패 덕분도 아니에요. 신들의 아버지요 인간들의 왕인 제우스 신이 머리를 까딱만 해도 올림포스 전체가 벌벌 떱니다. 그렇게 힘 있는 신도 아이를 만들려고 할 때에는 완전히 다른 모습으로 변해야 합니다. 신들조차 공포로 몰아넣는 세 가닥 번개를 치워버리고 티탄♠ 같은 무서운 얼굴도 다르게 바꿔야 합니다. 그리고 마치 배우가 다 된 것처럼 가련한 표정을 지어야 합니다. 사실 제우스 신도 그런 방식으로 자신의 목적을 달성해왔습니다.

우리 모두 알다시피 스토아학파 학자들은 자신들이 신과 가장 가

---

* 신약성서 《요한계시록》 1장 8절의 "나는 알파요 오메가다"라는 구절을 원용한 것이다. 바보 여신이 자기가 인간에게 유익하고 필요한 존재임을 강조하기 위한 쓴 표현이다.

♠ 우주의 최초 지배자 우라노스와 그의 아내 가이아의 사이에서 태어난 티탄 신족의 신을 가리킨다. 이 신족에는 12명의 신이 있어 흔히 티탄 12신이라고 한다. 이들은 우라노스에 의해 저승에서도 가장 깊은 타르타로스로 내던져져 갇혀 있다가 어머니 가이아의 사주를 받고 우라노스를 공격한다. 그 결과로 우라노스는 권좌에서 쫓겨나고, 우라노스와 가이아의 막내아들인 크로노스에게 지배권이 넘어간다.

깝다고 주장합니다. 그렇다면 세 배나 네 배, 혹은 원하신다면 육백 배나 스토아학파 학자다운 사람을 내게 데려와보세요. 그는 지혜의 상징이라고 할 수 있는 턱수염을 자르지는 않을 거예요. 그것이 염소를 연상시킨다 해도 마찬가지일 거예요. 하지만 그런 학자도 도도한 자세를 거두고 이마의 주름살을 펴야 합니다. 그의 엄격한 원칙을 버리고 잠시라도 정답고 바보 같은 사람이 돼야 합니다. 요컨대 아무리 현인이라도 혹시 아버지가 되고 싶다면 다름 아닌 나에게 도움을 요청해야 합니다. 바로 나에게.

이제 내가 평소에 하듯이 여러분에게 더 솔직하게 이야기하지 않을 이유가 없겠지요? 여러분에게 묻겠습니다. 신이나 인간을 낳는 부분은 머리입니까? 가슴입니까? 손입니까? 아니면 귀입니까? 이런 부분들은 모두 정숙하다고 여겨지는 부분이지요. 그러니 당연히 아니죠. 인류를 번식시키는 것은 너무나 어리석고 우스꽝스러워서 웃음을 터뜨리지 않고는 그 이름을 입 밖에 낼 수도 없는 부분입니다. 모든 생명을 탄생시키는 것은 피타고라스의 4원수*보다 더 진실한 '성스러운 샘' 입니다.

---

* 피타고라스는 기원전 570년경 에게 해에 있는 사모스 섬에 태어난 철학자로 수를 중시했다. 피타고라스 4원수란 피타고라스의 철학체계에 근간이 된 4개의 정수, 즉 1, 2, 3, 4를 말한다. 피타고라스는 이 4개의 정수 사이의 비율을 가지고 음악의 화음과 우주의 조화를 설명하려고 했다.

♠ 기원전 1세기에 활동한 로마의 시인. 장시 《사물의 본성에 관하여(De Rerum Natura)》를 썼다. 이 시는 아프로디테(베누스) 여신에 대한 찬미로 시작된다.

자, 말해보세요. 만약 현인들이 흔히 그러듯이 삶의 여정에서 겪게 되는 불편함을 먼저 고려한다면 누가 결혼의 멍에에 자신을 내맡기려고 하겠어요? 또는 아이를 낳는 고통과 아이를 키우면서 겪어야 하는 노고와 위험만 생각한다면 도대체 어떤 여자가 남자를 받아들이겠어요? 여러분의 생명은 결혼에서 비롯된 것이지만 결혼은 결국 나의 시종인 광기(아노이아)가 있기에 성사된 거예요. 그러니 결국 여러분은 나에게 정말로 많은 빚을 지고 있음을 알 거예요. 게다가 그런 일을 겪은 여자가 망각(레테)의 도움 없이 그 짓을 또 하려 들까요? 루크레티우스♣가 뭐라고 말할지는 몰라도 아프로디

테 여신도 마찬가지예요. 나의 신적인 힘이 도와주지 않는다면 그 여신도 헛수고만 할 테니까요.

결국 술에 취한 상태에서 벌어지는 그런 우스꽝스런 놀이가 있기에 교만한 철학자와 그들의 후예들이 나오게 된 것이죠. 그 후예들은 오늘날 세상에서 수도사, 자주색 제복의 군주, 경건한 성직자, 그리고 세 배나 거룩한 교황 등으로 불리고 있어요. 더 나아가 시인들이 떠받드는 신들도 마찬가지예요. 그런 신들도 이제는 너무 많아요. 올림포스 산이 비록 크다고 하나 그 신들을 다 받아들일 수는 없을 거예요.

그러나 내가 모든 존재의 씨앗이요 원천이라는 것만으로는 충분하지 않을 거예요. 인간의 한평생에 유익한 것은 모두 다 내 덕분임을 또한 입증해야겠죠.

만약 인생에 즐거움이 없다면 인생이란 도대체 무엇일까요? 그런 인생을 인생이라고 부를 수나 있을까요?

여러분이 박수를 치는 소리가 들리네요. 사실 나는 여러분 가운데 누구도 그런 인생이 행복하다고 생각할 만큼 현명하거나 어리석지는 않다는 것을 알아요. 아니, 그만큼 현명하다고 해도 좋아요.

스토아 철학자들도 쾌락을 멸시하지 않아요. 다만 속마음을 숨기느라 애쓸 뿐이죠. 그들은 일반 대중이 보는 앞에서는 천 번이나 욕설을 퍼부으면서 쾌락을 산산이 깨지게 만듭니다. 그런 식으로 해서 다른 사람들을 놀라게 해 달아나게 해놓고는 자기들은 더 자유롭게 쾌락을 즐기죠. 그들이 나에게 말해주면 좋겠어요. 제우스 신에게 맹세하건대 인생의 어떤 과정에서든 바보 여신의 작품인 즐거움이 없어도 과연 음울하거나 따분하거나 메마르거나 무미건조하거나 고통스럽지 않을 수 있는지를.

그리스의 저 위대한 비극작가 소포클레스도 내가 한 이야기를 뒷받침해줍니다. 소포클레스*는 아무리 칭찬해도 충분하지 않은 작가지요. 그런 작가가 나에게 멋진 찬사를 보냈지 뭐예요. "가장 행복한 삶은 무지가 만들어내는 작품"♠이라고 썼으니까요. 어쨌든 이와 관련된 것들을 이제부터 차근차근 살펴보기로 하겠어요.

인간에게 가장 즐겁고 행복한 시절은 인생의 초년기라는 것을 모를 사람은 없겠지요? 아기에게는 무엇이 있어서 우리가 뽀뽀해주고 안아주고 귀여워해주는 것일까요? 심지어 적이라도 아기에게는 도움을 주지 않습니까?

두말할 것도 없이 그것은 어리석음의 매력이죠. 그것은 새로 태어나는 아기에게 사려 깊은 자연의 배려로 주어지는 것입니다. 그것이 아기를 키우면서 겪는 노고를 덜어주고, 아기에게 호감을 갖

---

* 기원전 5세기에 아테네에서 활약한 비극작가. 아이스킬로스, 에우리피데스와 함께 고대 그리스의 3대 비극작가 가운데 한 사람이다. 작품으로 《오이디푸스 왕》을 비롯해 7편이 남아 있다.
♠ 소포클레스의 《아이아스》 554~5행에 나오는 "무엇이 기쁨이고 무엇이 슬픔인지를 네가 알게 될 때까지는 아무것도 모르는 것이 가장 행복한 삶이니까"라는 구절을 약간 변형시켜 인용한 표현이다. 이는 '모르는 것이 약'이라는 우리말 속담과 비슷한 의미일 것이다.

도록 키우는 사람에게 즐거움이라는 보상을 내려줍니다. 그래서 아기가 보호를 받게 되는 겁니다.

그 다음에는 청소년기가 찾아옵니다. 이 시기에는 모든 사람으로부터 호의의 대상이 됩니다. 모두가 공개적으로 지원해주고 적극적으로 격려해줍니다. 아울러 따뜻한 도움의 손길을 내밉니다. 그런데 젊음의 매력이라는 것이 과연 나 말고 어디에서 나오겠어요? 내가 베푼 은혜 덕분에 젊은 시절에는 지혜가 매우 적지요. 그렇지만 동시에 짜증을 내는 일도 거의 없어요. 젊은이가 성장하고 경험과 교육을 통해 성숙한 지각이 형성됨에 따라 젊음의 아름다움은 사라지고, 열정은 시들해지며, 즐거움도 식고 활력도 약해진다는 것은 분명한 사실입니다. 인간이 나로부터 멀어지면 멀어질수록 그의 생기는 더욱더 약해집니다.

이윽고 고통스런 노년이 찾아옵니다. 노년은 갖가지 괴로움을 겪는 시기이고, 다른 사람뿐만 아니라 자기 자신에게도 환영받지 못하는 시기지요. 이때에도 내가 곁에 있으면서 그런 괴로움을 달래주지 않으면 견뎌내기 어렵습니다. 시인들의 시에 나오는 신이 죽어가는 사람을 변신시켜 구해주는 것과 똑같이 나는 무덤 근처까지 간 사람을 되도록 무덤에서 멀리 떼어놔요. 가능하면 어린 시절로 다시 돌아가게 합니다. 그래서 노년은 제2의 유년기라는 말도 나왔는데, 이는 근거 없는 말이 결코 아닙니다.

내가 이런 변신을 일으키는 방법을 여러분 가운데 누군가가 묻는

다면 감추지 않고 모두 말해드리겠어요. 나의 요정 레테가 사는 샘은 행복의 섬에서 솟아요. 지옥에 흐르는 강은 그 샘에서 흘러나온 하나의 작은 물줄기예요. 나는 그곳으로 노인을 모셔가요. 거기서 망각의 샘물을 깊이 들이마시면 마음의 근심은 점차 씻겨 내려가고 젊음을 되찾게 돼요. 그렇게 된 노인은 미친 것 같고 바보스럽다는 소리를 듣는다는 것을 나는 알아요. 물론 그래요. 그것은 바로 노인이 다시 어린이가 된다는 뜻이겠지요. 어린이 같다는 것이 어리석고 바보 같다는 것 말고 무엇이겠어요? 지각을 완전히 잃어버림으로써 기쁨을 찾는 것 아닌가요? 모든 사람이 신동을 미워하고 몸은 젊은데 늙은 두뇌를 가진 애늙은이를 싫어해요. "나이에 비해 너무 지혜로운 어린이를 미워한다"*는 격언도 이런 생각을 뒷받침하지요.

폭넓은 세상경험을 갖고 있는데다가 여전히 활기찬 정신과 날카로운 판단력까지 겸비한 노인과 우정을 나누거나 친밀한 관계를 유지할 수 있을까요? 그래서 노인은 나의 도움을 받아 어리석게 되는 거예요. 그래야 노인은 현인이 겪는 비참한 걱정에서 벗어나게 되는 겁니다. 노인은 또한 술을 마실 때 좋은 동료가 됩니다. 한창 원기왕성한 나이일 때에는 삶에 대한 염증을 거의 견뎌내지 못하지만 노인이 되면 그런 것을 별로 느끼지도 못합니다. 노인은 늙은 플라우투스♠처럼 때때로 세 개의 문자♣로 돌아가곤 합니다. 노인이 여전히 지혜를 가지고 있다면 가장 불행한 존재일 겁니다. 그렇지만 나의 은혜를 입기만 하면 그는 행복해집니다. 친구들의 마음을 얻

* 이는 2세기에 어느 로마 작가가 처음 한 말로 《에라스무스 격언집》에 수록된 데 이어 여기에 다시 인용됐다.
♠ 기원전 3~2세기에 활동한 로마의 희극작가.
♣ 플라우투스의 희극작품 《상인(Mercator)》 2막에 나오는 'Amo(나는 사랑한다)'를 가리킨다.

게 되고, 연회 자리에서도 멋진 동료가 됩니다.

호메로스의 작품을 봐도 아킬레우스의 마음은 쓰라리지만 네스토르 노인의 입에서는 꿀보다 더 달콤한 말이 흘러나옵니다.* 또 성벽에 앉아있는 노인들이 백합처럼 감미로운 목소리로 이야기를 합니다. 이런 점에서는 노년기가 오히려 어린 시절보다 낫습니다. 왜냐하면 어린 시절에는 쾌활하기는 하지만 인생을 유쾌하게 만들어주는 담화의 즐거움은 없기 때문입니다. 노인은 어린이에 의해 기쁨을 누리게 되고, 어린이는 노인에 의해 즐거워지는 법이에요. "신은 언제나 비슷한 것에 비슷한 것을 가져다준다"♠는 말도 있잖아요.

결국 노인과 어린이 사이에 무슨 차이가 남을까요? 노인에게는 주름이 많고 그동안 받은 생일상이 더 많다는 것만 다를 뿐이죠. 다른 점에서는 닮았습니다. 엷은 빛깔의 머리카락, 이빨이 없는 입, 작은 몸집, 젖을 좋아하는 것, 옹알거림, 재잘거리기, 우둔함, 망각, 사려부족 등이 다 그래요. 사람은 노년에 늙어갈수록 어린이와 유사해집니다. 마침내 이 세상을 하직할 무렵이 되면 다시 어린아나 마찬가지가 되어 산다는 것에 싫증 낼 줄도 모르고 죽음을 의식하지도 못하게 됩니다.

누구든 원한다면 나의 은혜를 다른 신들로 인해 일어나는 변신과 비교해 봐도 좋아요. 다른 신들이 분노에 사로잡혀 한 일을 일일이 열거하지는 않겠어요. 그러나 신들은 매우 우호적일 때에도 인간을 다른 사물로 변신시키곤 했어요. 이를테면 나무, 새, 매미로 바꿔놓았고, 심지어는 뱀으로 바꿔놓기도 했지요.♣ 마치 다른 사물로 변신하는 것은 죽는 것과 다르기라도 한 듯이.

그렇지만 나는 노인을 그렇게 변신시키지 않고도 인생의 가장 좋고 행복한 시기로 돌아가게 할 수 있어요. 인간이 이제부터 지혜와 인연을 끊고 언제나 나와 벗하며 지낸다면 노년이란 더 이상 없을 거예요. 그리고 영원한 젊음을 누리며 행복하게 살 수 있을 겁니다.

여러분은 철학을 연구하거나 진지하고 고된 일에 너무 몰두한 나머지 침울한 표정을 짓고 있는 사람들을 본 적이 없나요? 그들은 그렇게 했기 때문에 아직 젊은 나이에 이미 늙어버린 거예요. 아마도 갖가지 걱정거리와 골치 아픈 일에 끝없이 매달린 탓에 자신도 모르는 사이에 혼과 활력을 상실했기 때문이겠지요.

---

* 호메로스의 《일리아스》 1권에 나오는 내용이다. 필로스의 왕으로 트로이 전쟁에 참전한 네스토르는 현명한 노인의 전형으로 묘사돼있다.

♠ 호메로스의 《오디세이아》 17권 218행에 나오는 문장이다. 우리식 표현으로는 '유유상종(類類相從)' 이다.

♣ 인간이 나무, 새, 뱀으로 바뀐 이야기는 오비디우스의 《변신》에 많이 나온다. 아폴론 신의 구애를 받고 그를 뿌리치느라 도망치던 다프네는 월계수로 변신했고, 행방불명된 에우로페를 찾아 나선 그녀의 오빠 카드모스는 늙어서 뱀이 됐다. 그리스 신화에서 새가 된 사람은 여럿이다. 이를테면 에올로스의 딸 할키오네는 남편 케이크스의 죽음을 슬퍼한 나머지 방파제에서 바다로 몸을 던졌으나 물총새가 됐다. 이 밖에도 많은 인물이 갖가지 사연으로 나이팅게일, 물총새, 올빼미 등으로 변신한다. 미남인 티토노스는 새벽의 여신 아우로라의 사랑을 받아 함께 살게 됐는데 아우로라의 간청에 따라 제우스 신이 그에게 죽지 않는 운명을 부여했다. 그런데 청춘도 영원히 유지되게 해달라는 부탁을 빼먹은 탓에 티토노스는 점차 노쇠해지다가 마침내 매미가 됐다.

이와 반대로 나의 바보들은 토실토실하면서도 윤기가 있고 잘 가꾼 피부를 갖고 있어요. 그들은 세상 사람들이 흔히 말하는 '아카르나니아의 돼지'*예요. 그들은 지혜에 감염되지 않는 한 노년의 불편함이라는 것을 결코 알지 못해요. 물론 인간이 살아가면서 항상 행복하도록 허락받은 것은 아니에요. 흔히 사람들의 입에 오르내리는 속담 가운데서도 좋은 증거가 있어요. "어리석음은 젊음이 떠나는 것을 늦추고 반갑지 않은 노년을 저 멀리 밀어낸다."

브라반트♠의 주민에 관해 널리 전해진 말이 있어요. 다른 지역 사람들은 나이가 들수록 현명해지는데 그곳 사람들은 달라요. 그들은 늙어갈수록 더욱더 어리석어진다는 거예요. 이런 말을 들어도 그들은 전혀 낯뜨거워 하지도 않아요.

함께 어울리는 삶의 쾌락에 그토록 즐거워하고 늙어가면서 겪는 비참함에는 그토록 둔감한 사람들은 그들 외에 달리 없어요. 나의 동포인 네덜란드 사람들은 브라반트의 주민과 지리적으로 인접한 곳에서 살고 있고 습속도 매우 유사해요. 그러니 그들을 나의 동족이라고 해서 안 될 이유가 없겠지요? 게다가 그들은 나를 열렬히 따르는 사람들이에요. 그래서 그들에게 어리석음을 나타내는 별명이 붙었는데 그들은 그것을 부끄러워하기는커녕 오히려 자기들끼리 노

---

* 아카르나니아는 그리스 남부에 있는 한 지역의 이름이다. 그 지역 주민들이 우매하기 때문에 '아카르나니아의 돼지'라는 말이 생겼다.
♠ 오늘날 벨기에의 중심부를 이루는 지역의 옛 이름이다. 에라스무스가 활동하던 시기에는 브라반트 공국이 여기에 있었다.

사용합니다.

어리석은 인간 여러분, 지금 메데이아♣나 키르케,* 아프로디테, 아우로라,♠ 또는 숨겨진 샘을 찾아가서 젊음을 되돌려달라고 간청해보세요. 내가 보기에는 그래봐야 소용이 없을 걸요. 그것은 오로지 나만이 할 수 있는 일이니까요.

나에게는 멤논♧의 딸이 할아버지 티토노스의 삶을 연장시킨 그 신비로운 묘약이 있어요. 나는 또한 파온†에게 호의를 베풀어 다시 젊어지게 하고 사포로부터 사랑을 받게 만든 그 아프로디테에요. 나의 약은 신비로운 풀이에요. 누가 간절히 원하면 줄 수 있어요. 나의 샘은 잃어버린 젊음을 되찾게 해줄 뿐만 아니라 더 나아가 그것을 영원히 간직하게 해주어요.

♣ 콜키스의 공주인데, 황금의 양털가죽을 찾으러 온 이올코스의 왕자 이아손과 눈이 맞아 함께 그것을 훔쳐서 달아난다. 메데이아는 이아손과 결혼하고 약초를 써서 이아손의 아버지에게 젊음을 되찾아준다. 그러나 나중에 이아손이 배신하고 다른 여자와 결혼하려고 하자 메데이아가 마법을 써서 그 여자는 물론이고 자신과 이아손 사이에서 태어난 자식들까지 모두 죽음으로 몰아넣는다. 에우리피데스의 비극 《메데이아》는 이런 참혹한 설화를 소재로 한 작품이다.

* 호메로스의 《일리아스》에 나오는 마녀. 트로이 전쟁이 끝나 오디세우스 일행이 귀국하는 길에 키르케가 사는 섬에 들르자 키르케가 마법을 써서 장병들을 모두 돼지로 만들었다. 다만 오디세우스는 헤르메스 신의 도움으로 마법에 넘어가지 않고 키르케와 1년 동안 살다가 떠났다.

♠ 새벽의 여신. 에오스라고도 한다.

♧ 에오스와 티토노스의 아들이자 에티오피아의 왕이다. 트로이 전쟁 때 트로이를 지원하기 위해 참전했다. 그러나 그리스군의 영웅 아킬레우스와 일대일로 맞붙었다가 전사했다.

† 레스보스 섬의 가난한 뱃사공. 노파로 변신한 아프로디테 여신을 뱃삯도 받지 않고 배에 태워주었다. 아프로디테 여신은 그 보답으로 그에게 향유를 주어 젊음을 되찾게 해주었다.

이 세상에서 젊음보다 좋은 것이 없고 노년보다 미운 것은 없다는 생각에 여러분 모두가 동의할 겁니다. 그렇다면 여러분은 나에게 얼마나 큰 신세를 지고 있는지를 아실 거예요. 내가 그처럼 좋은 것을 지켜주고 나쁜 것을 없애주니까요.

그런데 내가 왜 아직까지 인간에 대해 이야기하고 있는 걸까요? 천상의 세계를 살펴보세요. 그리고 누구든 나를 욕하고 싶은 사람은 그렇게 해도 좋아요. 만약에 내 신적인 힘의 은혜를 받지 못했는데도 마음이 상하지도 않고 무시당하지도 않는 신을 하나라도 찾을 수 있다면 말이에요.

디오니소스 신은 왜 언제나 머리가 길게 치렁거리는 젊은이일까요? 틀림없이 그것은 그가 미치광이 같고 술에 취해 있는데다 연회와 춤판을 찾아다니며 춤추고 흥청거리며 세월을 보내기 때문이죠. 그는 팔라스 여신과는 어떤 교류도 하지 않아요. 디오니소스 신은 현자가 갖춰야 할 미덕은 전혀 갖추고 있지 않아요. 대신 그는 오락과 농담이나 하면서 사는 데서 즐거움을 찾아요. 자신을 가리켜 '모리코스보다 더 어리석다'는 그리스 속담을 들어도 그는 화내지 않아요. 사실 농부들이 그의 사원 앞에 있는 기념상을 햇포도로 만든 포도주와 새로 수확한 무화과로 더럽히곤 했기 때문에 그의 이름이 모리코스로 바뀐 거예요.*

그러니 고대 희극 속에서 그에게 가해진 온갖 모욕적인 말이 떠오르게 되는 거예요. 희극작가들은 "오 바보 같은 신이여, 그대는 사타구니에서 태어나기에 딱 알맞도다"♣라고 썼죠.

그러나 이 디오니소스 신처럼 젊고 쾌활하고, 이 디오니소스 신처럼 모든 사람에게 쾌락과 명랑함을 선사하는 경박한 바보가 되기를 싫어할 사람이 있겠어요? 신뢰할 수 없을 뿐만 아니라 두려움을 안겨주는 제우스 신이나 돌발행동으로 모든 것을 혼란에 빠뜨리는 늙은 판 신, 대장간에서 일하느라 재를 뒤집어쓰고 지저분해진 헤파이스토스 신, 고르곤 방패♣와 창을 가진데다 험악하게 노려보면서 상대를 공포에 떨게 하는 팔라스 여신 따위보다야 훨씬 그가 낫겠지요.

왜 에로스는 언제나 소년일까요? 그것은 그가 경박한데다가 말이든 생각이든 이른바 '현명한 것'은 아무것도 하지 않기 때문이죠. 황금색으로 빛나는 아프로디테는 왜 언제나 아름다움을 잃지 않을

---

* 모리코스는 바쿠스의 별명으로, '더럽힌다'는 뜻을 가진 그리스어 '모리코이'에서 유래된 것으로 전해진다. '모리코스보다 더 어리석다'는 시칠리아에서 널리 사용되는 말로 《에라스무스 격언집》에도 수록돼 있다.
♠ 오비디우스의 《변신》에 나오는 일화 가운데 하나. 테베를 건설한 카드모스의 딸 세멜레가 제우스 신의 아이 디오니소스를 임신한 뒤에 제우스의 아내인 헤라 여신의 꼬임에 넘어가 제우스 신에게 "아내와 사랑을 나눌 때의 모습을 보여달라"고 간청했다. 그래서 제우스 신은 번개의 모습을 보여주었고, 세멜레는 그 벼락 때문에 죽었다. 그러자 제우스 신이 세멜레의 뱃속에 있던 디오니소스를 꺼내어 자신의 허벅다리에 넣고 열 달을 채워 세상에 나오게 했다. 이렇게 태어난 디오니소스는 이모인 이노에게 맡겨져 동굴 속에서 양육됐다.
♣ 고르곤은 바다에 사는 추악한 모습의 여자괴물 세 자매를 일컫는 말이다. 그 가운데 막내인 메두사만 가리키기도 한다. 메두사는 페르세우스에 의해 살해됐고, 그 머리는 아테나 여신에게 헌정되어 그녀의 방패에 붙게 됐다. 메두사의 눈은 그것을 보는 사람의 눈을 돌로 바꿔버리곤 했기 때문에 공포의 대상이었다. 이런 이유로 아테나 여신의 방패가 '고르곤 방패'로 불리게 됐다.

까요? 그녀가 나와 인척관계이고 얼굴에 내 아버지의 혈색을 띠고 있기 때문인 게 확실해요. 그래서 호메로스는 그녀를 '황금빛 아프로디테'*라고 불러요. 옛 시인들이나 그들의 경쟁자인 조각가들의 묘사를 믿는다면 그녀는 항상 미소를 짓고 있지요. 모든 즐거움의 어머니인 플로라 여신♠보다 로마인에게서 더 경건한 숭배를 받은 신이 있었나요?

누구든 호메로스나 다른 시인들에게 더 엄격한 신의 삶에 관해 집요하게 물어봐도 결국 그런 신들도 모두 어리석음으로 가득 차 있음을 알게 될 거예요.

신들의 행태에 대해 모두 살펴볼 필요는 없겠지요? 여러분도 다 아시잖아요? 벼락 치는 제우스 신의 애정행각♣과 자기가 여자임을 잊고 사냥만 하러 다니던 순결한 여신 디아나도 엔디미온†에게 마음을 빼앗긴 일에 관한 이야기를. 나는 신들의 그런 행위에 관한 이야기를 모모스 신♧에게서 듣고 싶어요. 실제로 예전에는 모모스 신에게서 그런 이야기를 자주 들었죠. 하지만 신들이 얼마 전에 모모

---

* 호메로스의 《오디세이아》 8권 337행.
♠ 꽃과 풍요를 상징하는 로마의 여신.
♣ 헤시오도스의 《신통기》를 보면 제우스는 아내만 7명에 이른다. 헤라, 레토, 메티스, 테미스, 에우리노메, 데메테르, 므네모시네가 그들이다. 아내는 아니지만 제우스와 관계를 맺은 여신이나 여인도 마이아, 세멜레, 레아, 이오 등 여럿이다.
† 그리스의 도시 엘리스를 세운 미남 청년이다. 아폴로도로스가 쓴 책에는 디아나와 마찬가지로 달의 여신인 셀레네가 엔디미온에게 반한 것으로 돼있다. 셀레네의 간청에 따라 제우스 신이 엔디미온을 죽음도 나이도 모르고 영원히 잠들게 한다.
♧ 밤의 신인 닉스의 아들로 불평과 비난의 신이다.

바보 여신의 바보 예찬 *51*

스를 아테 여신*과 함께 밀어내 땅으로 떨어뜨렸다지 뭐예요. 모모스가 현명한 체하면서 신들의 행복을 깨곤 했으니까요.

어떤 인간도 추방된 자에게 호의를 베풀기를 좋아하지 않아요. 특히 나의 시녀 '아첨'이 가장 높은 자리를 차지하고 있는 군주의 궁정에는 추방된 자가 끼어들 곳이 없어요. 늑대와 양처럼 모모스와 그녀는 상극이에요. 그래서 신들이 그를 제거했어요. 그런 다음에는 신들은 훨씬 더 즐겁고 자유롭고 재미있게 지내고 있어요. '걸림 없이' 노는 셈이죠. 호메로스가 읊었듯이 그들에게 감시의 눈을 번득일 자는 아무도 없으니까요.

무화과의 신 프리아포스✝는 무슨 농담인들 못 하겠어요? 헤르메스 신✝은 자신의 교묘한 손재주와 도둑질하는 능력을 믿고 갖가지 꾀를 다 부려요. 헤파이스토스 신†은 언제나 신들의 연회에서 좌중을 웃기곤 해요. 그는 불편한 다리를 끌고 와서는 짓궂은 말이나 온갖 재담으로 동료 신들을 유쾌하게 만들어주죠. 그러고 나면 저 호색적인 늙은 신 실레노스✤가 폴리페모스✤와 함께 코르닥스 춤††을 춥니다. 님프 요정들도 맨발로 발레 춤을 추지요.

반은 인간, 반은 염소의 모습을 한 사티로스✝는 아텔라나스 소극을 보여주고, 판 신은 바보스러운 노래를 부르면서 모든 신을 웃깁니다. 신들은 무사 여신들의 노래보다는 판 신의 노래를 더 즐겨 듣습니다. 특히 신주(넥타르)를 마시고 취기가 오르기 시작하면 더욱 그렇게 되죠.

신들이 술을 다 마시고 연회가 끝난 다음에는 무엇을 하는지를 이야기할 필요가 있을까요? 그렇지만 신들이 하는 황당한 짓들을 생각하면 나는 도저히 웃음을 참을 수가 없어요. 여기서는 다만 하르포크라테스♥를 상기하고 침묵하는 것이 좋을 듯하네요. 모모스조차 함부로 할 수 없는 말을 우리가 한다면 코리카이오스 동굴에 있는 어떤 신이 엿들을 테니까요.

그런데 이제 천상의 신들로부터 떠날 때가 됐군요. 호메로스가 그랬듯이 우리도 이제는 지상의 세계로 다시 내려와야 할 차례예요. 이 지상의 세계에서도 내가 움직이지 않는 한 여러분은 즐거움과 행복을 전혀 찾아볼 수 없을 거예요.

---

* 불화의 여신 에리스의 딸로 파괴와 재난, 미망을 일으키는 여신이다. 호메로스의 《일리아스》 19권을 보면 아테 여신은 모든 사람의 마음을 미망에 빠지게 하고 사람들의 머리를 밟고 다닌다.
♠ 보통 정원의 신 또는 풍요의 신으로 통한다. 아프로디테 여신의 아들이고 거대한 남근을 가지고 있다.
♣ 도둑질과 상업의 신이다. 제우스 신의 전령이며, 죽은 사람의 영혼을 저승으로 안내하는 역할도 한다.
† 대장간의 신.
⚘ 판 신과 님프 사이 혹은 헤르메스 신과 님프 사이에서 태어난 신으로 디오니소스 신의 스승이다.
⚜ 바다의 신 포세이돈과 요정 토오사 사이에서 눈을 하나만 갖고 태어난 괴물이자 거인이다. 호메로스의 《오디세이아》를 보면, 그가 거주하는 섬에 들어온 오디세우스 일행을 잡아먹다가 오디세우스의 꾀에 넘어가 하나뿐인 눈마저 시력을 상실한다. 이로 인해 오디세우스는 포세이돈 신의 노여움을 사서 이곳저곳으로 떠돌게 된다. 《오디세이아》 1권 및 9권 참조.
†† 고대 그리스에서 희극을 상연하기 전에 무희들이 무대에서 춘 선정적인 춤.
⚕ 디오니소스의 주연에 디오니소스의 동반자로 참석하는 호색적인 마신.
♥ 침묵의 신이다. 대개 손가락을 입에 갖다 댄 어린아이로 묘사된다.

무엇보다 먼저 여러분이 알아야 할 것이 있어요. 그것은 인류의 어머니요 창조자인 자연이 이 땅의 어느 곳에도 어리석음의 은혜가 부족하지 않도록 배려했다는 거예요. 스토아학파의 정의에 따르면 지혜란 이성에 의해 지배되는 것 외에 아무것도 아닙니다. 이와 대조적으로 어리석음은 정념의 요구에 이끌려갑니다. 제우스 신은 인간의 생활이 온통 음울하고 쓸쓸해지는 것을 원하지 않았기에 인간에게 이성보다 정념을 훨씬 더 많이 주었어요. 비율로 계산하자면 1대 24쯤 될 거예요. 게다가 이성을 머리의 비좁은 구석에 가두어 놓고, 몸의 나머지 부분은 정념으로 채웠어요.* 그러고는 이성에 맞설 강력한 참주 둘을 세웠죠. 바로 분노와 욕망이에요. 분노는 가슴속에 살면서 생명의 원천인 마음을 지휘하죠. 욕망의 지배범위는 광범위해요. 신체의 가장 은밀한 부위까지도 지배하니까요. 이 두 가지 힘이 합쳐질 때 이성이 그에 맞서서 과연 얼마나 힘을 발휘할 수 있을지는 인간의 일상생활을 보면 분명해집니다.

이성이 할 수 있는 일은 한 가지뿐입니다. 덕의 원칙을 지키라고 소리 높여 외치는 것이지요. 이에 비해 정열과 욕망이라는 두 힘은 그들의 지배자인 이성에게 목매다는 밧줄을 돌려보내면서 거듭 격렬하게 반발합니다. 그리하여 지배자는 결국 지쳐서 스스로 포기하고 항복합니다.

그런데 사람은 태어난 뒤에 여러 가지 일을 겪으면서 해결해야 하기 때문에 한 조각의 이성 외에 무언가를 더 받아야 했어요. 그러자 자연이 이 문제에 관해 인간을 돕기로 하고 다른 경우와 마찬가지로 내게 상의해왔지요.

그래서 나는 나다운 해결책을 한 가지 제시했어요. 남자에게 여자를 붙여주어 짝을 이루게 해야 한다고. 여자는 분명히 어리석고 지각없는 동물이기는 하지만 남자에게 언제나 즐겁고 유쾌한 동무가 되어줄 거라고 했지요. 여자는 남자와 가정생활을 함께 하면서 특유의 어리석음으로 남자의 고통을 덜어줄 수 있으니까요.

플라톤이 이성을 갖고 있는 동물의 범주에 여자를 포함시킬지, 아니면 여자를 야수의 부류에 집어넣을지를 놓고 망설이는 태도를 취한 것♠도 다름 아니라 여자의 어리석음을 보여주려는 것이었어요. 만약 여자가 현명하다는 평판을 듣기를 원하고 그렇게 행동한다면 이중으로 어리석은 짓을 하는 셈이에요. 그것은 마치 씨름 경기를 하러 가는데 황소를 끌고 가는 것과 같아요. 그런 행위에 대해서는 미네르바 여신이 못마땅해 할 겁니다.

---

* 18세기 영국의 경험주의 철학자 데이비드 흄도 마찬가지로 이성보다 정념을 우위에 두었다. 흄은 저서 《인간 본성에 대한 논고》에서 "이성은 정념의 노예이고 또 노예일 뿐이어야 한다"고 못박았다

♠ 플라톤의 저작에서 이와 정확히 일치하는 구절을 찾아내기는 어렵다. 다만 《티마이오스》 90e를 보면, 우주의 탄생에 대한 설명에 이어 여러 가지 생물이 출현한 과정에 대한 설명이 나오고 그 다음에 "남자 가운데 겁이 많고 생애를 올바르게 보내지 못한 사람은 두 번째 탄생에서 여자가 된다"는 이야기가 나온다. 이는 한마디로 여자는 남자와 출생과정부터 다르다는 의미를 담고 있는 이야기라고 볼 수 있다. 그렇지만 이것이 플라톤의 생각이라고 단정하기는 어렵다. 플라톤은 《국가》 5권에서는 오히려 남자와 여자는 능력이 같고 교육도 똑같이 시켜야 한다고 강조했다.

누구든 본성과 어긋나게 없는 덕을 갖춘 것처럼 가장하고 타고난 성향으로부터 도피하려고 할 경우에는 악덕이 가중되기 마련이에요. 그리스 속담에도 있듯이 원숭이는 자줏빛 주단으로 만든 옷을 입어도 원숭이일 뿐이죠. 그러니 여자도 어떤 가면을 쓰든 여자, 즉 어리석은 존재일 뿐이에요. 내가 여자의 속성은 어리석음이라고 말한다고 해서 여자들이 나한테 화를 낼 만큼 어리석다고는 생각하지 않아요. 그들도 내가 여자이고 바보 여신임을 알 테니까요. 여자들이 문제를 제대로 파악한다면, 그들이 여러 모로 남자들보다 행복한 것이 전적으로 이 바보 여신 덕분임을 알게 될 거예요.

우선 여자는 아름다움이란 선물을 갖고 있어요. 그 선물을 다른 어떤 것보다 소중하게 여기는 것은 당연한 일이에요. 그 아름다움이 참주까지 지배할 힘을 주니까요.

게다가 험상궂은 외모, 거친 피부, 우거진 턱수염을 비롯해 남자가 늙어서 보여주는 여러 가지 모습은 결국 지혜의 해악에서 비롯되는 것 아니겠어요? 그렇지만 여자는 언제나 부드러운 볼, 감미로운 목소리, 매끈한 피부, 그리고 영원한 젊음의 모습을 지니고 있지 않은가요? 다음으로 여자는 살아가는 동안 남자에게 최대한 매력적으로 보이는 것 외에 무슨 소망을 갖고 있지요? 몸을 매만지고, 화장을 하고, 목욕을 하고, 머리를 손질하고, 기름을 바르고, 향수를 뿌리고…, 뿐만 아니라 여러 가지 방식으로 얼굴과 눈과 피부를 가꾸고, 색칠하고, 변장하는 것까지 다 그런 것 아닌가요?

그래요. 여자가 남자의 호의를 얻게 해주는 것이 결국 어리석음

이 아니면 무엇이겠어요? 남자가 여자에게 허용하지 않는 것은 아무것도 없죠? 그 대신 남자가 얻는 것이라고는 쾌락뿐이죠. 그런데 여자가 무엇을 가지고 남자를 즐겁게 해줄 수 있는지를 보면 모두 다름 아닌 어리석음에 의해서 생겨난 거예요. 남자가 여자와 쾌락을 즐길 때마다 얼마나 어리석은 말을 여자와 주고받고, 얼마나 바보 같은 짓을 하는지를 잘 헤아려보세요. 그러면 내 말이 진실임을 부인하지 못할 거예요. 그러므로 여러분은 인생에서 첫손가락에 꼽히는 최고의 환희가 무엇이고 그것이 어디서 비롯되는지를 알게 됐을 거예요.

그러나 종류가 다른 남자도 적잖이 있어요. 특히 노인이 그래요. 노인은 여자보다 포도주를 더 좋아하고, 술을 마시는 향연에서 가장 큰 즐거움을 얻거든요. 여자가 함께 하지 않는데도 술자리가 재미있을지에 대한 판단은 다른 사람에게 맡기겠어요. 그렇시만 한 가지 분명한 것이 있어요. 어떤 향연도 바보 여신이 동석하지 않으면 재미가 없다는 거죠.

연회 자리에 어리석음으로 웃음을 줄 사람이 없다고 가정해보세요. 진짜 어리석음이든 가짜 어리석음이든 상관없어요. 그런 경우에는 돈을 주고 어릿광대를 불러오거나 어떤 우스꽝스런 재주꾼을 초대해야 해요. 그들의 웃기면서도 어리석은 재담이 있어야 술자리에서 침묵과 음울한 분위기가 해소되니까요. 눈과 귀, 그리고 마음이 웃음과 농담과 재치로 즐거워지지 않는다면 온갖 산해진미로 배를 채운들 무슨 소용이 있겠어요.

그런데 그런 종류의 '과자'가 필요할 때 그것은 오직 나만이 만들어낼 수 있어요. 연회에서 사용되는 모든 '의식', 즉 임금 뽑기, 주사위 던지기, 건배하기, 컵 돌리기, 도금양나무* 가지 돌리며 노래하기, 춤추기, 무언극…. 이런 것들 가운데 그리스 7현인이 만든 것은 아무것도 없어요. 모두 다 인간의 행복을 위해 내가 만든 것이죠.

이런 것들의 특징은 어리석음이 더 많이 가미될수록 인간의 삶을 더 유쾌하게 만들어준다는 데 있어요. 만약 인생이 슬프기만 하다면 그걸 인생이라고 부를 수도 없을 거예요. 인생에서 슬픔과 사촌 사이인 지루함을 피하고 싶을 때에는 바로 이런 기분전환 놀이가 그것을 몰아내줄 거예요.

그러나 아마도 이런 따위의 쾌락을 필요로 하지 않는 사람들도 얼마간 있을 겁니다. 그런 사람들은 친구와 우정을 나누는 데서 만족을 찾겠지요.

그런 사람들은 언제나 우정이 다른 무엇보다 우선이라고 말합니다. 그들이 하는 말에 따르면 우정은 공기와 불, 그리고 물 만큼이나 필요한 것이랍니다. 우정은 매우 유쾌한 것이라서 만약 그것을 없애버리면 마치 태양이 없어진 것과 같은 상태가 될 거예요. 게다가 우정은 적절하기만 하다면 고결한 것이에요. 그래서 철학자들도 우정을 최고의 축복 가운데 하나로 꼽기를 주저하지 않았어요.♣

여기서 나는 바로 내가 그런 위대한 축복의 시작이요 끝임을 입증할 수 있어요. 나는 그렇다는 것을 '악어 삼단논법'♣이나 연쇄식 궤변,† 또는 변증법적 역설 따위의 교묘한 논리로 주장하려는 게 아니에요. 나는 건전한 상식에 입각해서 진실을 드러내 보이고자 할 뿐입니다.

　잠시 생각해봐요. 상대방의 잘못을 못 본 체 눈감아주거나 외면하는 경우, 또는 상대방에 대해 환상을 갖게 되는 경우에 대해서 말입니다. 친구의 명백한 잘못까지도 사랑과 감탄의 대상으로 받아들인다면 그것은 어리석음과 관계가 있는 것이 아니겠어요? 어떤 사람은 애인의 피부에 난 점에 키스를 퍼붓고, 어떤 사람은 자기가 아끼는 암양의 코에 난 종기에 매료됩니다. 어떤 아버지는 아들의 사팔뜨기 눈을 가리켜 윙크한다고 말합니다. 그러니 생각해보세요. 이 모든 것이 어리석음 그 자체가 아니면 무엇이겠어요?

---

* 도금양과에 속하는 늘 푸른 떨기나무. 원산지는 동남아이고, 동남아와 지중해 연안 지역에 널리 분포해 있다. 본문에서 언급된 놀이는 좌중에 도금양나무 가지를 돌리다가 그것을 받은 사람이 노래를 부르는 것이다.

♠ 플라톤은 우정을 주제로 《리시스》를 썼고, 아리스토텔레스는 《니코마코스 윤리학》과 《수사학》에서 우정을 다뤘다. 로마시대의 키케로는 《우정에 대하여》라는 저서를 남겼다.

♣ 1세기에 활동한 수사학자이자이자 웅변가인 퀸틸리아누스의 수사학 저서 등에 나오는 궤변논법이다. 예를 들면 이렇다. 아기의 어머니에게서 아기를 빼앗아간 악어가 그 어머니에게 자기가 어떻게 할 것인지를 알아맞히면 아기를 돌려주겠다고 말한다. 어머니가 "아기를 돌려줄 것"이라고 답하면 악어는 어머니의 대답이 틀렸다는 이유로 아기를 돌려주지 않는다. 반대로 어머니가 "아기를 돌려주지 않을 것"이라고 답하면 옳게 맞힌 것이다. 단 악어가 아기를 돌려주지 않아야만 옳은 것이다. 그러므로 악어는 아기를 돌려주지 않는다. 결국 아기의 어머니는 어떻게 대답해도 아기를 되찾지 못한다.

† 이 역시 퀸틸리아누스와 루키아누스 등의 저작에 실려 있는 궤변논법이다. 이를테면 이런 것이다. "너는 네가 잃지 않은 것을 가지고 있다. 너는 뿔을 잃지 않았다. 그러므로 너에게는 뿔이 있다."

세 번, 네 번 되풀이 말해도 좋습니다. 친구관계를 맺어주는 것도, 우정을 지켜주는 것도 어리석음입니다. 나는 지금 보통의 인간에 관해 이야기하고 있어요. 보통의 인간 가운데 흠결 없이 태어난 사람은 없습니다. 그들 가운데 가장 훌륭한 사람은 결점을 가장 적게 갖고 있을 뿐입니다.

그러나 앞에서 말한 신 같은 현인들 사이에서는 우정이 단단하게 뿌리내릴 수 없어요. 그들 중 극소수의 사람들에게는 우정이 없지 않겠지만, 그 우정은 유쾌하지 않고 침울할 거예요. 그렇다고 그들 사이에 우정이 아예 존재하지 않는다고 함부로 말할 수는 없습니다. 왜냐하면 대부분의 사람들은 합리적인 생각을 하지 못 하며, 바보 같은 짓을 하지 않는 사람은 없기 때문입니다. 결국 비슷한 사람들끼리 어울리게 마련입니다.

그러나 준엄한 인물들 사이에 우애가 있다고 해도 그것은 편안하지도 않고, 오래 이어지기도 어렵습니다. 그들은 친구의 잘못을 캐내는 데 독수리나 에피다우로스의 뱀*보다도 더 집요하고 날카로운 눈을 갖고 있으니까요. 물론 그들은 자신의 잘못에 둔감하고, 자신의 등에 메고 있는 짐은 보지 못합니다. 이처럼 인간의 본성상 누구나 과오에서 벗어나기 어려운 것입니다. 게다가 인간은 나이와 관심사가 저마다 다르고, 인간이 저지르는 실수와 오류와 사고에는

---

* 에피다우로스는 의술의 신인 아스클레피오스를 숭배하는 지역이고, 뱀은 아스클레피오스를 상징하는 동물이다.

무수히 많은 종류가 있습니다.

저 아르고스의 눈*을 가진 무리 속에서 우정의 기쁨이 한 시간이나마 유지될 수 있을까요? 그리스인이 '에우에테이아'라고 부르는 것, 즉 어리석음이나 너그러운 성품을 함께 갖추지 않으면 안 됩니다. 또 모든 인연의 산파 역을 맡고 있는 에로스 신 자신이 완전히 눈이 멀었습니다. 그에게는 추한 것도 아름답게 보이는 것 아닙니까? 그래서 여러분 모두 자기가 갖고 있는 것이 아름다워 보이는 것입니다. 이 때문에 소년이 소녀를 사랑하듯 노인도 늙은 아내를 사랑하게 되지요. 이런 행복은 어디에나 있는데 웃지 않고는 바라볼 수 없습니다. 그렇지만 그것은 삶에 즐거움을 선사하고 사회를 결속시킵니다.

지금까지 내가 우정에 관해 이야기한 것은 부부관계에 훨씬 더 잘 들어맞습니다. 결혼이란 인생에서 없을 수 없는 유대관계의 시작이죠.

불멸의 신이여! 만약 가정에서 나의 시종들이 만들어내는 아첨과 농담과 너그러움과 환상 또는 거짓말에 의해 남편과 아내의 관계가 유지되지 않는다면 어떻게 되겠습니까? 맙소사. 세상에는 이혼 또는 이혼보다 더 험악한 사태가 무수히 벌어질 겁니다.

---

* 아르고스는 100개의 눈을 가진 괴물이다. 잠잘 때도 2개의 눈만 감는다. 제우스 신이 애인 이오를 암소로 변신시켰을 때 아르고스는 제우스 신의 아내인 헤라 여신의 명을 받아 그 암소를 감시하는 역할을 맡았다. 그러나 나중에 헤르메스 신의 꾀에 넘어가 죽게 된다.

만약 신랑이 지금 순결무구해 보이는 어린 신부가 오래전에 무엇을 하며 놀았는지를 자세히 파고 들어간다면 결혼이 거의 성립하지 않을 것입니다. 결혼을 한 다음에도 마찬가지겠죠. 아내가 하는 대부분의 행위가 남편의 적당한 무관심과 어리석음에 의해 감춰지지 않는다면 부부관계가 유지되기가 어렵지 않겠어요?

이 모든 것은 바보 여신 덕분입니다. 아내가 남편에게 예쁘게 보이고 남편 또한 아내에게 정답게 느껴지는 것은 전적으로 이 바보 여신 덕분이니까요. 그래야만 집안이 평온하고 부부 사이도 유지되겠죠. 남편은 아내 때문에 세상 사람들로부터 뻐꾸기니 기둥서방이니 하는 온갖 소리를 다 듣게 됩니다. 그래도 남편은 아내에게 키스를 하고 아내의 눈물을 닦아줍니다. 그러나 부질없는 질투로 자신을 스스로 괴롭히고 모든 것을 비극적인 방향으로만 몰아가기보다는 자기가 속아주는 것이 훨씬 더 행복하지 않겠어요?

결국 내가 없으면 어떤 교류나 유대도 즐겁거나 안정될 수 없어요. 시민은 군주를 용인할 수 없고, 하인과 하녀는 주인이나 여주인을 따를 수 없게 되죠. 또 교사와 학생, 친구와 친구, 아내와 남편, 지주와 소작인은 서로 믿을 수가 없게 되죠. 군인은 전우와 서로 도울 수 없으며, 연회 참석자는 동석한 다른 사람들과 오랫동안 즐거운 시간을 보낼 수 없습니다. 때때로 서로 환상을 갖고 아첨도 적당히 하면서 경우에 따라 눈감아주는 아량을 베풀지 않는다면 말입니다. 결국 '어리석음의 꿀'을 서로 발라주지 않으면 안 되는 법이죠.

여러분은 내가 중요한 이야기는 다 했다고 생각할 것 같네요. 그렇지만 더 중요한 이야기들이 남아 있어요.

내가 다시 물어보겠어요. 자기 자신을 미워하는 사람이 그 누구를 사랑할 수 있을까요? 자기 자신과 불화를 겪는 사람이 다른 사람과 화합할 수 있을까요? 자기 자신을 괴롭히기만 하는 사람이 다른 사람에게 즐거움을 줄 수 있겠어요? 이 바보 여신보다 더 어리석은 사람이 아니라면 그렇다고 말할 수 없을 거예요.

나를 쫓아내보세요. 그러면 아무도 이웃과 화목하게 지낼 수 없을 거예요. 정말이지 모두가 자기 자신에게 악취를 풍길 것이며, 자기 자신을 하찮게 여기고 미워하는 감정만 갖게 될 거예요. 그것은 자연의 배려 때문이에요. 자연은 여러 면에서 친어머니라기보다 계모와 비슷해서 인간의 마음속에 악덕의 씨앗을 뿌려놓았어요. 특히 더 똑똑한 사람에게 말이에요. 이로 말미암아 인간은 자신의 운명에 만족하지 못하고 다른 사람들을 쳐다보면서 부러워해요. 결국 인생의 모든 은혜와 기품과 매력은 파괴되고 사라집니다.

불멸의 신이 인간에게 준 최고의 선물이라고 할 수 있는 아름다움이라는 것도 마음을 좀먹는 고뇌로 얼룩진다면 무슨 소용이 있겠어요? 젊음이라는 것도 노년에 겪어야 할 괴로움 때문에 얼룩지고 상처를 받는다면요?

그리고 마지막으로 말한다면, 한평생에 걸쳐 여러분 자신을 도울 수 있는 자기사랑을 갖고 있지 않다면 여러분이 자기 자신이나 다른 사람들에 대해 어떤 의무인들 품위 있게 수행할 수 있겠어요. 의무를 품위 있게 수행한다는 것은 단순한 기술의 문제가 아니에요. 그것은 인간이 하는 모든 행동의 가장 중요한 원칙입니다.

자기사랑은 나의 자매라고 할 수 있어요. 언제나 활달하기 때문에 내 역할을 대신 하기도 해요. 스스로 자신에 대해 만족하고 경탄하는 것보다 바보 같은 일이 어디 있겠어요? 그러나 여러분이 자기 자신에 대해 만족하지 못한다면 이 세상에서 무엇이 아름다워 보이고 마음에 들 것이며, 흉해 보이지 않는 것이 어디 있겠어요?

이 자기사랑이라는 인생의 청량제를 없애보세요. 그러면 웅변가는 연설 중에 입이 얼어붙고, 음악가는 자신의 작품으로 누구도 즐겁게 할 수 없겠죠. 무대에서 연기하는 배우는 야유나 받는 것이 고작이겠지요. 시인은 그의 무사 여신들과 함께 웃음거리가 될 것이고, 화가와 그의 작품은 아무런 가치도 인정받지 못할 거예요. 의사도 자기가 만든 약을 놔두고 굶어죽고 말 거예요. 뿐만 아니라 여러분은 잘생긴 니레우스*로 보이기보다 못생긴 테르시테스♠로 보이게 되고, 젊은 파온을 닮기보다 늙은 네스토르♣나 닮게 되겠죠. 또

---
* 트로이 성을 공격한 그리스 연합군 상병 가운데 최고의 영웅인 아킬레우스 다음으로 잘생겼다는 인물. 그렇지만 힘이 약했고 따르는 백성도 많지 않았다고 한다. 거느린 함선도 3척에 불과했다. 호메로스의 《일리아스》 2권 참조.
♠ 그리스 연합군 가운데 가장 못생기고 말이 많았던 인물. 아가멤논 총사령관까지 공공연히 비난하는 바람에 오디세우스에게 채찍으로 얻어맞기도 했다. 호메로스의 《일리아스》 2권 참조.
♣ 로마의 시인 오비디우스의 작품인 《변신》 12권에 따르면 필로스의 왕 네스토르는 200살 넘게 살았다.

미네르바보다는 돼지 같은 사람으로 여겨질 겁니다. 말을 조리 있게 잘 하는 문명인이 되지 못 하고, 말을 잘 하지 못 하는 어린아이나 촌뜨기처럼 되고 말 겁니다. 그러므로 사람은 스스로를 고무하고 격려하면서 먼저 자존심을 갖는 것이 정말로 중요합니다. 그래야만 다른 사람의 존중도 받을 수 있을 거예요.

행복이란 대체로 현재 자신이 있는 자리에 머무르는 데 있어요. 따라서 나의 자기사랑은 모든 사람에게 그런 행복에 이르는 지름길을 열어줘요. 그러면 아무도 자신의 현재 모습이나 재능, 가문, 사회적 위치에 대해, 그리고 관습이나 조국에 대해 불만을 갖지 않게 됩니다.

아일랜드 사람은 이탈리아 사람과 조국을 바꾸기를 원하지 않아요. 트라키아* 사람도 아테네 사람이 되고 싶어 하지 않고, 스키티아♣ 사람 역시 행복의 섬에 사는 사람과 거주지를 바꾸려고 하지 않아요. 자연이 민족의 차이를 없애고 모든 민족을 다 같게 만드니 그 배려가 참으로 감탄스러워요.

자연의 선물이 현저히 적은 곳에서는 그 대신 자기사랑이 더 큽니다. 그렇지만 자기사랑은 자연이 주는 가장 큰 선물인데 굳이 내가 이런 것을 말한다는 것은 어리석은 일이죠. 덧붙여 말하자면, 내가 힘을 주지 않는 한 어떤 위대한 행동도 성취될 수 없고 나의 창조적 후원 없이는 어떤 위대한 예술도 탄생할 수 없어요.

칭송을 얻는 행동의 터전과 원천은 전쟁 아니냐고요? 그러나 어떤 이유로든 전쟁을 벌이는 것만큼 어리석은 일이 어디 있겠어요? 전쟁은 항상 당사자들에게 이로움보다 해악을 더 끼치니까요. 전쟁터에서 메가라 사람들♣이 무수히 쓰러지지만 아무도 그런 사람들에게 관심을 두지 않아요.

완전무장한 군대가 서로 맞붙고 전투를 독려하는 나팔소리가 요란하게 울려 퍼질 때 자기 에너지를 공부하느라 다 소모해버린 현인들이 무슨 소용이 있겠어요? 그들은 피는 묽고 차가운데 숨만 간신히 쉬는 형편인 걸요.

전쟁터에서 필요한 것은 최고의 용기를 가진 튼튼하고 살찐 사람들이죠. 대신 머리에 든 것은 적어야 해요. 물론 데모스테네스† 같은 병사를 더 좋아하는 사람은 없을 겁니다. 그는 아르킬로코스♧의

---

* 오늘날의 불가리아 남부와 그리스 동북부에 해당하는 지역을 고대 그리스인이 가리켜 부르던 지명.
♠ 고대인은 오늘날 우크라이나에 해당하는 흑해 북부 지역을 스키티아라고 불렀다. 헤로도토스가 쓴 《역사》에 스키티아 지역과 그곳 주민의 생활과 풍속이 자세히 서술돼 있다.
♣ 메가라는 아테네 가까이에 있었던 도시의 이름이다. '메가라 사람들'은 특별히 중요하지 않은 사람들을 지칭하는 말인 듯하다. 한자의 고사성어인 장삼이사(張三李四)와 비슷하다. 결국 이 문장은 전쟁터에서 이름 모를 병사들이 많이 쓰러지지도 그들에게는 아무도 신경 쓰지 않음을 의미하는 것 같다. 전쟁에 단호하게 반대하는 입장을 한결같이 견지한 에라스무스는 "전쟁은 겪어보지 않은 사람에게만 달콤하다"는 명언도 남겼다.
† 기원전 4세기에 아테네에서 뛰어난 웅변으로 명성을 얻은 당대 최고의 웅변가. 필리포스 왕에 이어 알렉산드로스 왕의 지도 아래 세력을 뻗치는 마케도니아에 맞서도록 아테네 시민들을 고무한 애국적인 웅변가였다. 그러나 옛 친구의 모함으로 인해 사형선고를 받고 피해 다니다가 독약을 마시고 스스로 삶을 마감했다.
♧ 기원전 7세기에 활동한 고대 그리스의 시인.

권고에 따라 적을 거의 쳐다보지도 않고 방패를 내던져버린 뒤 도주했어요. 그는 뛰어난 웅변가였지만, 동시에 겁 많은 군인이었던 거죠.

어떤 사람들은 말합니다. 전쟁에서는 판단이 가장 중요하다고. 나도 전쟁터에서 장군의 역할이 중요하다는 것을 인정해요. 그렇지만 그것은 군인의 판단이지 철학자의 판단이 아닙니다. 게다가 전쟁에서 뛰어난 전과를 올리는 자들은 기식자, 포주, 도둑, 살인자, 저능아, 빚쟁이 등 갖가지 인간쓰레기입니다. 밤새워 등잔불을 밝히고 공부만 하는 철학자가 아닙니다.

철학자가 되는 것이 인생을 살아가는 데 얼마나 쓸모가 없는 것인지는 다름 아닌 철학자 소크라테스를 보면 알 수 있어요. 그는 아폴론 신의 신탁에 의해 당시의 유일한 현인으로 인정받았지요.* 그렇지만 그는 판단을 내리는 데서는 지혜를 거의 발휘하지 못 했어요. 그는 많은 사람들 앞에서 무언가를 말하려고 했지만 웃음거리만 된 채 물러서고 말았어요.♠ 그렇지만 한 가지 점에서는 그도 나름대로 지혜를 발휘했어요. 지혜롭다는 평판을 거부하고 지혜를 신에게 돌렸거든요.

현인은 정치에 나서지 말아야 한다고 소크라테스는 권고했어요.

---

* 플라톤의 《소크라테스의 변명》 참조.
♠ 디오게네스 라에르티오스의 《그리스 철학자 열전》 중 소크라테스편 참조.

그가 한 발 더 나아가 평범하게 살기를 원하는 사람에게 지혜로부터 멀어지라고 충고했다면 더 좋았을 거예요. 사실 그가 고발당하고 독미나리즙을 마시게 된 것도 결국은 지혜 때문이 아니었나요?

소크라테스는 구름과 관념에 대해 철학적으로 생각하고, 벼룩의 발을 측정하고, 날벌레 소리에 궁금해 했지만* 일상생활의 일에 관해서는 아무것도 배우지 않았어요. 그가 위험에 처했을 때 그의 곁에는 제자 플라톤이 있었어요.♣ 그는 분명히 특출한 수제자였지요. 그렇지만 그는 군중의 소란한 외침에 눌려서 준비해 간 연설의 절반도 꺼내지 못 했어요.

테오프라스토스♣에 관해서 말해볼까요? 그는 앞으로 나섰지만 마치 늑대를 본 것처럼 꿀 먹은 벙어리가 되고 말았어요. 그러니 과연 누가 전쟁터에서 군사의 사기를 고취시켰을까요? 이소크라테스†도 천성적으로 겁이 많아서 감히 입도 열지 못 했어요.

로마시대의 인물로 웅변의 아버지로 불리는 마르쿠스 툴리우스 키케로♠는 또 어땠나요? 그는 웅변을 시작할 때면 언제나 마치 딸꾹질하는 어린이처럼 꼴사납게 벌벌 떨곤 했어요. 이런 그의 모습에 대해 마르쿠스 파비우스 퀸틸리아누스♠는 키케로가 위험을 잘 아는 지적인 웅변가였음을 보여주는 것이라고 설명했어요. 그런데 그렇게 말한 퀸틸리아누스 자신도 지혜는 성공적인 실천에 장애물임을 인정하지 않았나요? 그들이 말로만 싸워야 할 때에도 두려워서 꼼짝하지 못 했거늘 하물며 칼을 들어야 할 때에 과연 무엇을 할 수 있었을까요?

그런데 이런 이야기보다 사람들이 더 좋아하는 플라톤의 유명한 이론이 있지요. 철학자가 통치하거나 통치자가 철학자인 나라는 행복하다는 주장 말이에요.†† 그러나 역사를 잘 살펴보면, 국가의 권력이 철학자 행세를 하는 사람이나 백면서생의 수중에 들어갔을 때 국민이 가장 고통스러웠음을 여러분도 알 거예요.

내가 보기에 그 확실한 증거는 두 사람의 카토♯♯예요. 한 사람의 카토는 미친 듯이 다른 나라를 비난함으로써 공화국의 평화를 흔들

---

* 이는 모두 소크라테스를 노골적으로 풍자한 아리스토파네스의 희극 《구름》에 나오는 이야기다.
♠ 플라톤의 《소크라테스의 변명》과 디오게네스 라에르티오스의 《그리스 철학자 열전》 소크라테스 편 참조.
♣ 기원전 4세기에 아테네에서 활약한 소요학파 철학자. 아리스토텔레스의 제자로서 아리스토텔레스가 소요학파의 본산인 리케이온 학원에 원장으로 있다가 은퇴하자 그 자리를 물려받았다. 아리스토텔레스처럼 자연학, 논리학, 정치학, 철학 등 다양한 분야에 걸쳐 많은 책을 썼다.
† 기원전 5~4세기에 활동한 고대 그리스의 수사학자이자 웅변가. 웅변학원을 설립해 다수의 웅변가를 길러냈고, 그리스 도시국가들의 단합과 페르시아 원정을 주장했다.
♣ 고대 로마의 공화정 말기인 기원전 1세기에 활약한 웅변가이자 변호사. 율리우스 카이사르가 반란을 일으켜 권력을 잡았다가 암살당하는 등 혼돈이 거듭되던 시기에 브루투스, 카토 등과 함께 로마 공화정을 지키기 위해 진력했다. 그러나 안토니우스의 미움을 받은 탓에 옥타비아누스, 인도니우스, 레피두스이 주도로 2차 3두정치가 성립할 때 피살됐다.
♠ 1세기에 활동한 로마의 수사학자.
†† 플라톤의 철인정치론을 상징적으로 표현한 문장이다. 플라톤의 《국가》 5권 473c~d 참조.
♯♯ '대카토'로 불리는 마르쿠스 포르키우스 카토(기원전 3~2세기)와 그의 증손자이자 '소카토'로 불리는 같은 이름의 카토(기원전 1세기)를 말한다. 둘 다 타협을 모르는 강직한 성품으로 유명하다. 대카토는 감찰관으로 재임할 때 2차 포에니 전쟁의 영웅 스키피오를 탄핵했고, 말년에는 "카르타고를 멸망시켜야 한다"고 주장해 3차 포에니 전쟁을 일으켰다. 소카토는 카이사르에 맞서 로마 공화정을 수호하고자 했으나 카이사르가 파르살로스 전투에서 폼페이우스에게 승리하고 패권을 굳히자 아프리카로 피신했다가 스스로 삶을 마감했다.

었고, 다른 한 사람의 카토는 로마인의 자유를 지키려는 노력을 통해 자신의 지혜를 보여주었어요. 그렇지만 그 지혜가 지나쳤기 때문에 결국은 자유가 완전히 파괴되는 결과를 초래했습니다. 다음으로는 브루투스와 카시우스,* 그라쿠스 형제♠와 키케로 같은 사람들을 꼽을 수 있습니다. 데모스테네스가 아테네에 골칫거리였듯이 키케로는 공화정 로마에 골칫거리였지요. 마르쿠스 안토니누스♣도 있군요. 그가 훌륭한 황제였음은 우리 모두 인정하고 있습니다. 하지만 그에 대해 달리 평가해볼 수도 있어요. 그는 로마 시민들 사이에서 인기가 있기는커녕 오히려 혐오의 대상이었습니다. 그가 철학자라는 바로 그 이유 때문이었지요. 그가 선했다는 것은 인정됩니다. 그러나 그가 재임 중에 로마를 이롭게 한 공적보다 그가 남겨놓은 아들† 때문에 로마에 끼친 해악이 훨씬 더 큽니다. 이것은 분명합니다.

---

* 율리우스 카이사르가 내전에서 승리한 후 1인지배 체제를 강화해가자 브루투스와 카시우스가 카이사르를 암살하는 거사를 함께 주도했다. 카시우스는 이 거사를 성공시킨 뒤 로마를 탈출해 군사를 다시 모집한 뒤 안토니우스의 군대와 그리스 동부에 있는 필리피에서 일전을 벌였으나 패배하자 스스로 삶을 끝냈다.

♠ 티베리우스 그라쿠스와 가이우스 그라쿠스 형제를 가리킨다. 기원전 2세기에 공화정 로마에서 토지개혁을 비롯해 무산지를 지원하기 위한 개혁을 주진했으나 보수세력의 반대에 부닥쳐 피살됐다. 공화정 로마는 이 무렵부터 혼돈의 시대로 접어들어 약 1세기 동안 크고 작은 내전을 겪어야 했다.

♣ '철인황제'로 유명한 마르쿠스 아우렐리우스를 말한다. 그는 스토아 철학에 심취했고 저서 《명상록》을 남겼다. 평화와 번영을 구가한 이른바 '5현제 시대'의 마지막을 장식한 황제다.

† 코모두스 황제를 가리킨다. 로마제국의 대표적인 폭군으로 꼽힐 만큼 폭정을 일삼다가 암살됐다. 그 뒤로 로마는 '군인황제 시대'로 불리는 혼돈기로 진입하면서 점차 내리막길을 걷게 된다. 영화 《글래디에이터》는 바로 이 황제를 소재로 하여 제작된 작품이다.

사실 지혜 연구에만 몰두하는 이런 종류의 인간은 다른 면에서도 대체로 불운하지만 특히 자식 키우는 데서는 더욱 그러합니다. 나는 이런 현상이 지혜의 해독이 모든 인간 사이에 너무 널리 퍼지는 것을 막으려는 자연의 섭리에 의한 것이라고 생각합니다.

이를테면 키케로에게 타락한 아들이 있었다는 사실은 잘 알려져 있죠. 그리고 위대한 철인 소크라테스의 자녀들도 아버지보다는 어머니를 더 닮았습니다. 누군가가 잘 표현했듯이 그들은 어리석은 사람이었다는 겁니다.

이런 부류의 사람들이 공적인 일에서만 '리라를 타는 당나귀'* 노릇을 하면 견딜 만하겠죠. 그런데 사실 그들은 살아가면서 겪는 모든 일에 더 없이 무능합니다.

현인 한 사람을 회식에 초대해보세요. 그러면 그 현인은 음울한 침묵을 지키거나 지겨운 질문을 늘어놓아 좌중을 질리게 만들 겁니다. 그를 무도회에 나오라고 해보세요. 그때 여러분은 낙타 한 마리가 좌충우돌하는 듯한 광경을 목격할 거예요. 그를 대중적인 오락장소에 데려 가보세요. 그곳에서 즐거운 시간을 보내는 사람들의 분위기를 그의 얼굴표정이 망쳐버릴 거예요. 결국 그는 찌푸린 얼굴을 끝내 펴지 못한 채 카토처럼 쫓겨나고 말 거예요.

그가 대화에 참여한다면 또 어떻게 될까요? 아마도 우화 속의 늑

---

* 《이솝 우화》와 루키아노스의 작품 《매춘부들의 대화집》에서 유래되고 《에라스무스 격언집》에도 수록된 말이다. 당나귀가 발굽으로 리라를 타면 음악이 제대로 연주될 수 없는 것처럼 자질을 갖추지 못한 탓에 무능함을 드러내는 경우를 가리킨다.

대가 갑자기 나타난 것과 비슷하게 될 거예요. 만약에 어떤 것을 사거나 계약해야 할 경우에, 다시 말해 우리의 일상생활에서 필요한 모종의 업무를 처리해야 할 경우에 여러분은 그 현인을 장작개비라고 부르지 사람으로 간주하지 않을 것입니다.

그런 사람이 자기 자신이나 나라 혹은 가족에 조금이라도 쓸모 있는 사람이 되기란 정말이지 불가능합니다. 왜냐하면 그는 일상생활의 일에 대해서는 완전히 무지한데다가 통상적인 사고방식이나 관습에서 동떨어진 채 살아가니까요. 그러므로 그는 어쩔 수 없이 혐오의 대상이 됩니다. 시민의 일상생활과 그런 사람의 정신 사이에 큰 간극이 있기 때문이지요. 인간세상에서 어리석음에 의하지 않고, 바보들 사이에서 바보에 의하지 않고 무슨 일이 이뤄질 수 있겠어요?

만약에 누가 세계의 다른 모든 사람과 맞서면서 살고 싶다고 한다면 나는 그에게 티몬*을 흉내 내어 외딴 곳으로 가라고 권하고 싶어요. 그런 곳에서는 홀로 자기만의 지혜를 즐길 수 있을 테니까요.

이제는 나의 주제로 돌아가겠습니다. 아첨이 없었다면 무엇이 돌이나 떡갈나무 같고 야생상태에 있던 인간들을 결속시켜 문명사회를 이루게 했겠습니까? 이 모든 것이 암피온과 오르페우스의 리라* 덕분이 아니겠어요?

로마에서 심각한 소요사태가 빚어졌을 때 나라를 화합으로 되돌려놓은 것이 무엇이었죠? 철학자의 연설이었나요? 천만에요. 그것은 우리 몸의 배나 그 밖의 다른 부분에 관한 우스꽝스럽고 유치한 우화였습니다.♠ 여우와 고슴도치에 관한 테미스토클레스의 이야기†도 그런 효과를 냈죠.

세르토리우스♣가 지어낸 사슴 이야기나 두 마리 개에 관한 저 유

✱ 기원전 4~3세기에 아테네에서 활동한 회의주의 철학자.

♠ 암피온과 오르페우스는 둘 다 그리스 신화에 나오는 음악의 대가다. 암피온은 제우스 신과 안티오페 사이에서 태어난 쌍둥이 가운데 하나로, 쌍둥이 형제 제토스와 함께 테바이의 왕이 됐다. 테바이 성을 세울 때 암피온이 연주하는 리라 소리에 돌이 저절로 움직여 사람들이 힘을 들이지 않고 성을 완성했다고 한다. 오르페우스는 그리스 신화에서 최고의 음악가다. 그는 아내인 에우리디케가 불의의 사고로 죽자 저승까지 찾아가 그녀를 되찾아 오려고 했으나 실패한다. 그가 저승에 갔을 때 연주한 리라 가락이 너무 아름다워 저승의 뱃사공 카론과 저승의 문을 지키는 개 케르베로스는 물론이고 저승의 신 하데스와 그의 아내 페르세포네도 모두 감동했다고 한다.

♣ 로마의 역사가 티투스 리비우스의 《로마사》 2권에 나오는 고사다. 여기서 우화는 기원전 5세기에 로마에서 내전이 벌어졌을 때 통령인 메네니우스 아그리파가 군중을 설득하기 위해 말한 우화를 가리킨다. 위가 움직이지 않으면 손과 발이 약해지고 나아가 몸 전체가 허약해진다는 것이 그 우화의 골자였다고 전해진다.

† 테미스토클레스는 고대 아테네의 정치가이자 명장이다. 그는 페르시아가 대군을 이끌고 그리스를 공격해왔을 때 살라미스 해전에서 결정적인 승리를 거둬 아테네를 풍전등화의 위기에서 구해냈다. 그렇지만 전쟁이 끝난 후 아테네에서 추방당해 페르시아로 망명했다. 여우와 고슴도치 이야기는 테미스토클레스가 아테네 시민들에게 세금 내는 것을 기피하지 말라고 설득하기 위해 이야기했다는 우화다. 그 내용은 이렇다. 늪에 빠진 여우가 모기에 물어뜯기며 고생하자 고슴도치가 모기를 쫓아주겠다고 하지만 여우는 그럴 필요 없다면서 거절한다. 모기를 쫓아내면 더 무서운 야수들이 몰려오기 때문에 차라리 모기를 그냥 놔두는 것이 낫다고 판단했기 때문이다.

♣ 세르토리우스는 기원전 2세기 말부터 기원전 1세기 초까지 활약한 로마의 정치가이자 장군이다. 그는 마리우스와 술라가 번갈아 내전을 일으키며 다툴 때 마리우스 편에 섰다. 스페인 총독으로 부임해 그 지역을 통치할 때에는 원주민이 선사한 아기 사슴을 항상 데리고 다녔다. 그는 그 아기사슴이 달의 여신 디아나한테서 받은 것이고 자기는 그 사슴을 통해 신의 은밀한 목소리를 듣는다는 풍문을 퍼뜨려 자기에 대한 신비감을 조성했다. 《플루타르코스 영웅전》의 세르토리우스편 참조.

명한 스파르타인의 이야기,* 말꼬리에서 털 하나를 뽑아내는 이야기♣ 따위가 해낸 것만큼 큰 업적을 어떤 현인의 연설이 해낸 적이 있나요?

미노스와 누마♣의 경우는 또 어떻습니까? 그들은 환상적인 이야기를 지어내 적절히 활용하면서 어리석은 군중을 다스렸지요. 거대하고 힘센 야수인 대중은 결국 이처럼 황당무계한 이야기에 의해 좌우되는 법이니까요.

또한 어느 나라의 법률이든 플라톤이나 아리스토텔레스 혹은 소크라테스의 가르침에 따라 만들어진 적이 있습니까?

데키우스 집안 사람들이 목숨을 마네스 신들에게 바치게 한 것은 무엇이었으며,† 퀸투스 쿠르티우스♠를 구렁텅이로 몰아넣은 것은 무엇이었나요? 그것은 헛된 영광 때문 아니었습니까? 영광은 시레네 요정♠의 가장 달콤한 유혹입니다.

물론 몇몇 현인들은 영광의 가치를 폄하합니다. 그들은 어리석음 가운데서도 가장 어리석은 것은 따로 있다고 말합니다. 공직에 오르기 위해 군중에게 표를 달라고 조르거나, 선물공세로 표를 사거나, 바보들의 박수갈채를 갈망하다가 열띤 호응을 받으면 스스로 만족감을 느끼는 것 말입니다. 그렇게 하는 사람은 승리의 나팔소리가 울릴 때가 되면 행진하는 군중에 의해 여기저기로 실려 가고 마지막에는 시장바닥에 동상으로 우뚝 서게 되겠죠.

그러고 나서는 한두 차례 호칭이 바뀌고, 특별한 가치도 없는 인물이 신성한 명예를 얻게 됩니다. 가장 악명 높은 참주들도 바로 이런 공식의례를 거쳐 신의 지위에 오릅니다. 이런 모든 행태는 정말로 어리석음의 극치를 보여줍니다. 이런 우스꽝스런 짓을 제대로 다 이야기하려면 데모크리토스 한 명만으로는 부족합니다.

그런 행태가 모두 어리석은 것임을 누가 모르겠습니까? 사실 역사상 솜씨 좋은 사람들의 작품 속에서 하늘에 오른 용감한 영웅은 바로 이런 과정을 통해 탄생한 것입니다. 이와 같은 어리석음이 국

---

* 스파르타의 법체계를 확립한 리쿠르고스가 교육의 중요성을 설명하기 위해 한 이야기이다. 훈련을 받은 개와 훈련을 받지 않은 개에게 토끼와 밥그릇을 갖다 주었더니 훈련을 받은 개는 토끼를 쫓아가고 훈련을 받지 않은 개는 밥그릇 쪽으로 갔다는 우화다. 플루타르코스의 《아동교육론》에 이 이야기가 실려있다.

♠ 1세기에 로마의 역사가 발레리우스 막시무스가 쓴 《저명언행록》에 담긴 고사다. 로마의 장군 세르토리우스가 오늘날의 포르투갈에 해당하는 루시타니아 지역의 원주민에게 "말 꼬리에서 털을 뽑듯이 로마군에게 한두 차례 승리할 수는 있지만 로마군에게 완승을 거둘 수는 없다"고 설명해 납득시켰다고 한다.

♣ 미노스는 제우스 신과 에우로페의 아들이며 크레타 섬의 전설적인 왕이다. 그는 지중해 일대의 패권을 장악하고 아테네까지 세력을 확대시켰다. 누마는 로마를 창건한 로물루스의 뒤를 이어 왕이 된 뒤 전쟁을 피하고 평화와 덕의 정치를 펼쳤다. 그는 요정 아이게리아의 가르침을 받아 나라를 통치하며 제우스 신과도 대화를 나눈다는 이야기가 퍼졌다. 옮긴이가 보기에는 누마가 바로 플라톤이 말한 철인정치가에 가장 근접한 통치자였던 것 같다.

† 데키우스 집안에서는 3대가 연이어 전쟁에 나갔다가 전사했다.

♧ 기원전 4세기에 로마의 광장이 갑자기 갈라졌을 때 "가장 귀중한 보물을 던져 넣어야만 갈라진 곳이 닫힐 것"이라는 점쟁이들의 말에 따라 스스로 땅 속으로 투신해 로마를 구한 귀족이다.

♤ 상반신은 여자의 모습, 하반신은 물고기의 모습인 괴물 같은 요정이다. 매혹적인 목소리로 바다를 떠다니는 배의 선원을 유혹했다고 한다. 호메로스의 《오디세이아》에서도 오디세우스 일행이 타고 가는 배를 본 시레네가 목소리를 내어 유혹했지만 오디세우스는 그 유혹에 넘어가지 않기 위해 밀랍으로 귀를 막는 장면이 나온다. 영어 단어 siren의 어원이다.

가를 만들고 제국과 관직과 종교와 의회와 법정을 유지시켜줍니다. 실로 인간세상은 어리석음의 유희 외에 아무것도 아닙니다.

이제 기예 쪽으로 눈을 돌려봅시다. 천부적인 재능을 지닌 사람들이 그토록 비범한 업적을 많이 성취하고 후손에게 물려준 것은 과연 무엇을 위해서였을까요? 명성에 대한 갈망을 충족시키기 위해서가 아니었겠습니까? 그런 사람들은 밤에 잠도 자지 않고 온갖 노고를 기울여 명성을 얻어 보려고 한 것이죠. 그런데 명성보다 더 허무한 것을 나는 알지 못합니다. 결국 그들이야말로 정말로 어리석은 사람이라고 할 수 있을 거예요.

반면에 여러분이 살아가면서 누리는 모든 편의는 바보 여신에게서 비롯된 것입니다. 그 가운데서도 가장 좋은 것은 누군가의 광기 덕분에 생겨난 것이죠.

용기와 근면에 대한 찬사는 내가 받아야 함을 입증했으니 이제는 사려분별 역시 내 덕분임을 증명해볼까요? 여러분은 차라리 불과 물을 섞는 것이 나을 거라고 생각할지도 모르겠네요. 누군가가 그렇게 말하는 소리가 들려요. 그렇지만 나는 이 일에서도 성공할 수 있다고 믿어요. 여러분이 지금까지 그래왔듯이 계속해서 내 말에 귀와 마음을 모아주신다면 말이에요.

우선 사려분별이 경험을 통해 형성된다고 할 때 사려분별을 갖추고 있다는 명예는 어느 쪽에 부여돼야 할까요? 현인일까요, 아니면 어리석은 사람일까요? 사실 현인은 수치심이나 천성적인 소심함 때문에 아무것도 시도하지 않습니다. 반면 바보에게는 어떤 행동을 하든 그것을 막는 것이 없습니다. 수치심이란 바보에게는 애초부터 없고, 위험에 대해서도 바보는 전혀 생각하지 않아요. 현인은 고대인의 책 속에 틀어박혀 그저 현학적인 논리만 찾아냅니다. 반면 바보는 위험에 직접 맞서면서 진정한 사려분별을 터득합니다.

호메로스는 시력을 잃었지만 그럼에도 이런 이치를 알고 있었던 것으로 보입니다. 그는 "어리석은 사람은 대가를 치르면서 배워간다"[*]고 말한 바 있으니까요. 경험을 통해서 배우는 데는 두 개의 큰 장애물이 있어요. 그 가운데 하나는 정신을 흐리게 하는 수치심이고, 다른 하나는 위험이 표면화됐을 때 대응하지 못 하도록 발목을 잡는 두려움이에요.

바보 여신은 이 두 가지로부터 확실하게 벗어나게 해줍니다. 어떤 제약에도 구애받지 않고 무엇이든 감히 해보겠다는 자세를 취할 때 얼마나 많은 부수효과가 생기는지를 아는 사람은 거의 없습니다.

어떤 현안에 대해 판단을 하면서 사려분별을 선호하는 사람이 있다면 알아두어야 할 것이 하나 있습니다. 사려분별에는 자신 있다고 큰소리치는 사람들이 사실은 사려분별과는 매우 동떨어져 있다는 게 그것이에요.

---

[*] 호메로스의 《일리아스》 17권 32행에 나오는 말이다. 스파르타의 왕 메넬라오스가 트로이와의 전투에서 전사한 파트로클로스의 시신을 지키던 중에 트로이군 병사에게 덤벼들지 말라고 경고하면서 한 말이다.

우선 모든 인간사는 알키비아데스*가 말했듯이 실레노스의 상자와 흡사해요. 다시 말해서 모든 일에는 상반된 두 가지 모습이 있다는 거죠. 그러므로 첫눈에 죽음 같아 보이는 것이 자세히 들여다보면 삶이고, 반대로 삶 같아 보이는 것이 사실은 죽음인 것입니다. 모든 일이 다 그렇습니다. 아름다움과 추함, 부유함과 가난함, 불명예와 영광, 배움과 무지, 강건함과 허약함, 귀한 신분과 천한 신분, 기쁨과 슬픔, 번영과 역경, 친구와 적, 쾌적함과 해로움 등이 다 그래요. 실레노스의 상자를 열어보면 모든 것이 뒤집어진다는 것을 알게 될 것입니다.

여러분은 내가 너무 철학적으로 말했다고 생각할지도 모르겠네요. 그렇다면 미네르바가 그랬던 것처럼 나도 좀더 솔직하게 이야기해보죠. 왕이 부유하고 힘 있는 존재라는 것은 누구도 부인하지 못하겠지요? 그렇지만 왕의 영혼에 선이 전혀 없다면 그에게 충분한 것이라고는 아무것도 없습니다. 결국 그는 가장 빈곤한 셈입니다. 특히 그가 갖가지 악에 빠지면 가련한 노예나 다름없게 됩니다. 그 밖의 다른 사람들에 대해서도 같은 논리로 이야기할 수 있겠지만, 이 한 가지 예만 들어도 충분할 것 같네요.

요점이 무엇이냐고 어떤 사람들은 묻겠지요. 내 이야기를 잘 들어보세요. 만약에 누가 무대에서 연기하는 배우의 가면을 벗기고 그의 진짜 얼굴을 관객에게 보여주려고 한다면 그는 틀림없이 연극을 망쳐버리겠죠. 그는 실컷 돌팔매질이나 당하고 극장에서 쫓겨나고 말 거예요. 새로운 상황이 갑자기 발생해서 무대에서 여자였던 사람이 남자로 변하고, 젊은이는 노인으로, 왕은 노예인 다마♠로 바뀝니다. 또 신은 보잘것없는 인간으로 나타납니다. 이렇게 환상을 깨는 것은 연극 전체를 망치는 일입니다. 관객의 눈을 붙잡는 것은 배우의 표현과 분장이기 때문이죠.

사실 인간의 한평생이 결국은 연극이 아니겠어요? 연극에서 배우는 제각기 다른 분장을 하고 무대에 올라가서 연출자가 내려오라고 지시하기 전까지 맡은 배역을 연기합니다. 연출자는 같은 사람에게 때에 따라 다른 분장을 하도록 요구합니다. 그래서 배우는 자주색 제복을 입은 왕이 되었다가 다시 누더기를 걸친 비천한 노예로 변신하기도 합니다. 모두가 분장하고 있는 것입니다. 그렇지만 연극을 위해서는 그렇게 하지 않으면 안 됩니다.

여기서 한 가지 가정을 해보겠습니다. 하늘에서 떨어진 어떤 현인이 나에게 나타나서 이렇게 주장한다고 생각해봅시다. 모든 사람이 신이자 주인으로 떠받드는 사람도 동물처럼 정념에 지배되기 때

---

* 알키비아데스는 소크라테스의 세사이머 아데네의 정치가이자 장군이다. 아테네와 스피르타가 펠로폰네소스 전쟁을 벌일 때 아테네에서 탄핵을 받게 되자 스파르타로 도피했다. 그 후 아테네와 스파르타를 오가며 파란만장한 생애를 보냈다. 소크라테스가 재판에서 사형선고를 받게 될 때 적용된 죄목 가운데 하나가 젊은이를 타락시켰다는 것이었는데, '타락한 젊은이'의 대표적인 예로 거론된 인물이 바로 알키비아데스다. 소크라테스와 젊은 알키비아데스 사이에 오간 대화가 플라톤의 대화편 《알키비아데스》에 실려 있으며, 이 작품에서 "너 자신을 알라"라는 말의 의미가 집중 탐구된다.

♠ 다마는 시인 호라티우스의 《풍자시》 2권에 나오는 시리아 출신 노예의 이름이다.

문에 사실은 우러러볼 만한 사람이 아니라고. 그런 사람은 파렴치한 행동을 수없이 하는 주인에게 자발적으로 복종하기 때문에 가장 비천한 노예일 따름이라고 그 현인이 힘주어 말한다고 칩시다. 또는 그 현인이 아버지를 여읜 어떤 사람에게 웃으라고 말할지도 모릅니다. 이승의 우리 인생은 일종의 죽음에 불과하므로 죽은 사람은 이제부터 참으로 살기 시작하는 것이라고 주장하면서 말이에요. 자기 가문을 자랑하는 어떤 사람에 대해서는 그를 비루한 사생아라고 부를지도 모르겠네요. 그가 고귀함의 유일한 근거인 덕으로부터 너무 멀리 떨어져 있다는 이유를 대면서 말이죠.

만약에 그 현인이 모든 사람에게 이런 식으로 한 마디씩 던진다면 어떻게 되겠습니까? 모두 그를 완전히 정신 나간 사람이라고 생각할 겁니다. 시의적절하지 않은 지혜보다 어리석은 것은 없고, 경우에 맞지 않는 이치를 들이대는 것보다 몰지각한 일은 없습니다. 정말이지 인간은 알량한 지혜를 잘못 발휘하는 경우가 적지 않아요. 이를테면 자기가 현재 있는 자리에 적응하지 않거나 주어진 처지를 제대로 활용하지 못할 때 그렇지요. 또 "마시거나 떠나라"는 회식 자리의 법칙을 잊거나 연극이 연극답지 않기를 요구하는 경우도 마찬가지입니다.

반면에 진정한 사려분별이란 이런 거예요. 인간의 한계를 넘어서는 지혜는 추구하지 않고, 웬만한 세상일에 대해서는 넓은 아량으로 눈감아주거나 함께 오류에 빠져보기도 하는 거죠. 일부 사람들은 이런 태도야말로 어리석음의 증거라고 힐난할 거예요. 나도 그

런 점을 부인할 생각은 없어요. 다만 그렇게 하는 것이 인생이라는 연극을 잘 해내는 길임을 그들이 인정하기면 하면 돼요.

오, 불멸의 신이여! 여기서 계속 더 말해야 하나요, 아니면 침묵해야 하나요? 그런데 진실보다 더 진실한 이야기를 놔두고 침묵할 수는 없겠어요.

그렇게 중요한 문제에 관해서 말하려고 하니 헬리콘 산*에 사는 무사 여신들을 초청하는 것이 좋을 것 같군요. 옛 시인들은 아주 사소한 시를 쓸 때에도 그 여신들의 도움을 청하곤 했으니까요. 그러니 제우스 신의 딸들이여, 잠시나마 와서 나를 도와주소서! 그러면 나는 현인들이 축복의 성전이라고 부르는 완벽한 지혜에 도달하는 것이 바보 여신의 인도 없이는 불가능함을 보여줄 테니까요.

우선 모든 정념이 바보 여신에게서 비롯된 것임은 분명합니다. 어리석은 사람을 현인과 구별하게 해주는 것이 바로 이거죠. 즉 현인은 이성의 지도를 받고 어리석은 사람은 정념에 이끌려간다는 것입니다. 그래서 스토아학파에서는 모든 정념을 현인으로부터 떼어내려고 했습니다. 그것을 마치 질병인 것처럼 취급했죠.

그러나 사실은 이 정념이라는 것이 지혜의 항구를 향해 가는 사람들을 이끌어주는 안내자 역할을 합니다. 뿐만 아니라 덕이 행해지는 곳이라면 어디에서든 정념이 함께 있으면서 알찬 결실을 맺도록 자극하고 북돋아줍니다.

그러나 보통의 스토아 철학자들보다 두 배가량 더 스토아 철학자다운 세네카♣는 이런 이치를 완강하게 부정합니다. 그는 현인으로부터 일체의 정념을 배제했거든요. 결국 세네카는 현인에게 인간적인 것을 아무것도 남겨놓지 않습니다. 그 대신 새로운 신을 만들어 냅니다. 그런데 그 신은 예전에도 없었고 앞으로도 그 어디에도 존재하지 않을 거예요. 내가 더 솔직하게 말해도 된다면, 사실 그가 창조한 것은 그저 인간을 본떠 만든 일종의 대리석 조각일 뿐이에요. 인간의 감정이라고는 전혀 없는 조각상 말입니다.

그것이 스토아 철학자들이 좋아하는 현인의 모습이라면, 그들은 그런 모습을 즐기라죠. 그들은 플라톤의 국가에서, 또는 원한다면 이데아의 왕국에서 그런 현인과 함께 살며 아무 경쟁자 없이 그를 사랑할 수 있을 거예요. 또는 그들이 원한다면 탄탈로스의 정원♣에서 살아도 좋고요.

그런 사람은 모든 자연스런 감각에 어둡고 사랑이나 연민처럼 인간으로서 가질 수 있는 감정에도 전혀 흔들리지 않으니 유령이나

---

* 무사 여신들이 사는 곳으로 알려진 그리스 동부의 산. 오비디우스의 《변신》과 베르길리우스의 서사시 《아이네이스》 7권 참조. 헤시오도스의 《신통기》에는 무사 여신들이 올림포스 산에 거주하는 것으로 씌어 있다.

♠ 로마의 제정 초기인 1세기 중엽에 활동한 스토아 철학자. 폭군 네로 황제의 스승이 되고 출세가도를 달리다가 네로에 의해 반역 혐의로 사형 선고를 받아 생을 마감했다. 《도덕서한》, 《삶의 짧음에 관하여》, 《영혼의 평정에 관하여》 등 많은 책을 썼다.

♣ 탄탈로스는 리디아의 왕이었으나 신들로부터 미움을 받은 탓에 저승의 밑바닥으로 떨어진다. 지옥에 간 그의 주위에 물과 과일이 넉넉하게 있지만 그가 먹거나 마시려고 하는 순간 그것들이 다시 멀어져 먹거나 마실 수 없게 된다. 이 때문에 탄탈로스는 더욱 심한 배고픔과 갈증을 느끼며 고통을 겪는다.

다름없어요. 아니면 딱딱한 돌이나 마르페소스의 바위*와 다를 바 없지요. 그런 사람으로부터 누구인들 도망치지 않고 배겨날 수 있을까요?

그런 사람은 실수하는 법이 없습니다. 그는 린케우스♠처럼 모든 것을 명쾌하게 보고, 정확하게 평가하고, 변명의 여지를 남겨놓지 않습니다. 그는 스스로 만족하고 부유하며 건강하게 사는 유일한 사람입니다. 말하자면 왕 같은 사람이죠. 자유롭고 모든 면에서 독립적인 사람입니다. 홀로 제멋대로 판단합니다. 그러니 그에게는 친구도 필요 없습니다. 그 누구에게 친구가 될 수도 없습니다. 그는 신에게도 주저 없이 올가미를 던집니다. 뿐만 아니라 인생에서 벌어지는 모든 것을 미친 짓이라고 경멸하고 조소합니다. 이렇게 완벽한 현인은 짐승 같은 존재입니다.

여러분에게 묻겠습니다. 만약 투표로 선출할 경우에 어떤 나라가 그런 사람을 지도자로 뽑을 것이며, 어떤 군대가 그런 인물을 사령관으로 선정하겠습니까? 또 어떤 여자가 그런 남편을 견뎌낼 것이며, 어떤 사람이 그런 손님을 접대하고, 어떤 하인이 그런 주인을 섬기면서 참아내겠습니까?

누구나 어리석은 무리 속에 있는 보통 사람을 너 좋아하지 않을

---

* 베르길리우스의 《아이네이스》 6권 참조. 에게 해의 파로스 섬에 있는 마르페소스 산에는 대리석이 많다고 한다.
♠ 이아손이 황금양털을 찾으러 콜키스로 모험여행을 갈 때 동행한 50명의 그리스인 가운데 한 사람. 시력이 매우 좋은 인물로 전해진다.

까요? 그 자신이 어리석은 사람으로서 어리석은 사람들을 잘 다스리고 어리석은 사람들에게 복종할 줄도 아는 사람, 그리고 그 자신과 닮은 대부분의 다른 사람들을 즐겁게 해줄 수 있는 사람 말입니다.

그런 사람이라야 아내를 편안하게 해주고, 친구들에게 호의적이며, 식사를 할 때 정겹고 편안한 손님이 될 수 있을 거예요. 요컨대 그는 어떤 인간사도 남의 일로 여기지 않는* 사람이죠. 현인 이야기는 이제 지겨워졌네요. 이야기를 다른 유익한 주제로 돌려보겠어요.

누군가가 매우 높은 곳에서 내려다본다고 가정해봅시다. 제우스 신이 그렇게 한다고 시인들이 묘사한 것처럼 말입니다.♠ 그러면 인간의 삶에는 비참한 일이 참으로 많다는 것을 훤히 알게 되겠죠. 인간이 탄생하는 과정은 불결해 보이고, 아이를 키우는 일은 힘듭니다. 어린 시절은 위험으로 가득 차 있습니다. 그리고 젊은 시절에는 땀을 뻘뻘 흘리며 수고해야 합니다. 노년은 그야말로 짐이고, 죽음은 엄격한 필연입니다. 각종 질병이 주변에 널려 있고, 재난과 불운 또

---

* 기원전 2세기에 활동한 로마의 희극작가 테렌티우스의 작품 《자책하는 자》에 나오는 문구. 키케로도 《의무론》에서 이 문구를 인용했다.
♠ 호메로스의 《일리아스》 8권에 제우스 신이 올림포스 산 꼭대기에 앉아 트로이와 그리스의 전쟁을 내려다보는 장면이 나온다. 오비디우스의 《변신》에도 하늘에 있는 신들이 인간세상에서 벌어지는 일을 빠짐없이 내려다본다는 이야기가 나온다.

한 호시탐탐 기회를 노립니다. 인간이 인간에게 저지르는 악행도 쓰라리지 않은 것이 없습니다. 가난의 고통, 투옥, 비방, 고문, 불명예, 배반과 변절, 모욕, 송사와 사기…. 그런데 지금 내가 바닷가의 모래알을 세려고 하는군요.

인간이 무슨 죄를 지었기에 그런 불행들을 감수해야 하는 운명을 갖게 됐으며, 어떤 분노한 신이 인간으로 하여금 태어나서 그런 비참한 일들을 겪으라고 강요했을까요? 이 문제는 지금 여기서 내가 이야기할 것은 아닙니다. 하지만 이 문제에 대해 곰곰이 생각해보면 밀레토스 처녀들의 경우*를 틀림없이 이해하지 않을까요? 물론 그들의 운명은 가슴 아픈 일이었지요.

그런데 사는 것이 혐오스러워 스스로 죽음을 선택한 이들은 도대체 어떤 사람일까요? 지혜에 사로잡힌 사람이 아닐까요? 여기서 나는 디오게네스,♣ 크세노크라테스,♣ 카토, 카시우스, 그리고 브루투스에 관해서는 아무 말도 하지 않겠어요. 그렇지만 키론†이라는 유명한 켄타우로스의 경우는 이야기해야겠네요. 그는 영생을 허락받을 찰나에 애석하게도 스스로 죽음을 택하고 말았어요. 만약에 인간이 어디서나 현명하다면 무슨 일이 벌어질지를 여러분도 아실 거예요. 내 생각으로는 프로메테우스♣의 단지와 점토가 또다시 필요할 거예요.

그렇지만 내가 여기 있잖아요. 나는 때로는 무지를 통해, 때로는 경박함을 통해 사람들이 나쁜 일을 잊고 좋은 일에 대한 희망을 갖게 해주어요. 또 달콤한 쾌락을 쏟아 부어 비참한 상황에서도 도움을 주어요. 이런 까닭에 사람들은 파르카이 신♠의 실이 끊어지고 생명이 떠나려고 한 지 이미 오래 된 때에도 삶을 포기하기를 싫어해요. 살아있어야 할 이유가 적을수록 삶에 매달려요. 그런 사람들은 산다는 것에 대해 혐오감을 느낄 겨를도 거의 없지요.

내 덕분에 네스토르의 나이††에 도달한 사람들을 여러분은 어디

---

* 아울루스 겔리우스가 쓴 《아티카 야화》에 실린 고사 가운데 하나. 밀레토스의 처녀들 사이에서 한때 자살이 유행했다고 한다.
♠ 기원전 4~3세기에 살았던 고대 그리스 견유학파의 대표적 철학자. 디오게네스 라에르티오스의 《그리스 철학자 열전》에 따르면 90살 가까이까지 산 디오게네스의 최후에 대해 여러 가지 설이 전해지는데, 그 가운데 하나는 스스로 숨을 멈추어 삶을 마쳤다는 것이다.
♣ 크세노크라테스는 플라톤의 제자로 플라톤의 학설을 이어받았다. 그는 플라톤이 세운 아카데미아의 원장을 25년 동안 지냈고, 철학과 자연학 등 여러 분야에 걸쳐 엄청난 분량의 저작을 남겼다. 82살까지 살았는데, 라에르티오스의 설명으로는 한밤중에 발이 냄비에 걸려 넘어진 것이 원인이 되어 세상을 떠났다고 한다.
† 키론은 몸의 절반은 말이고 절반은 사람인 켄타우로스 족의 일원이다. 그렇지만 야수와 같았던 다른 켄타우로스들과 달리 키론은 크로노스 신의 아들이어서 총명했고 의술과 예술, 궁술에 능했다. 의술의 신 아스클레피오스를 비롯해 이아손, 아킬레우스 등 많은 영웅을 가르치기도 했다. 불사신이 될 수도 있었으나, 독화살을 맞은 다른 켄타우로스를 치료하다가 자기 몸에 독이 옮겨와 퍼지자 불사신이 되기를 스스로 포기하고 죽음을 맞았다.
♧ 티탄 신족에 속하는 프로메테우스는 인간에게 불을 몰래 전해주었다. 오비디우스의 《변신》에는 프로메테우스가 흙을 강물에 이겨 신과 비슷한 모양으로 인간을 만들었다는 이야기가 나온다. 제우스 신은 인간에게 불을 가져다준 짓에 대한 벌로 프로메테우스를 산 위의 바위에 묶어놓고 독수리로 하여금 그의 간을 쪼아 먹게 했다. 아이스킬로스의 비극 《결박당한 프로메테우스》는 이 설화를 소재로 하여 씌어진 작품이다.
♤ 파르카이는 로마식 이름이고, 그리스 신화에서는 모이라이라고 한다. 인간의 운명을 좌우하는 세 여신을 말한다. 헤시오도스의 《신통기》에 따르면 세 여신의 이름은 클로토, 라케시스, 아트로포스다. 이들 세 여신이 인간의 생명줄을 잣고, 나눠주고, 끊는 일을 분담해서 한다. 이들 운명의 여신이 내린 결정은 최고의 신인 제우스도 뒤집지 못한다.
†† 41쪽의 주석(*) 참조.

가나 볼 수 있을 거예요. 그들은 사실 거의 사람 같아 보이지 않아요. 혼자 중얼거리고, 노망이 들고, 이빨이 없는데다가 머리는 하얗게 셌거나 대머리이고…, 또는 아리스토파네스의 표현을 빌리면 지저분하고, 꼬부라졌고, 쭈글쭈글하고, 머리도 이빨도 없어요.

그래도 그들은 여전히 삶의 환희를 느끼면서 젊게 살기를 갈망해요. 그러기 위해 머리를 염색하고 대머리를 가발로 덮어요. 어떤 사람은 빠져 없어진 이빨 대신에 어디선가 빌려온 이빨을 박아 넣어요. 그런가 하면 젊은 여자에 빠져서 젊은 사람보다 더 호색 행각을 벌여요. 거의 해골 같은 모습으로 한 쪽 발은 이미 무덤에 가 있는 것처럼 여겨지는 노인도 나긋나긋한 젊은 여자를 아내로 취하곤 해요. 여자가 지참금을 한 푼도 안 갖고 오고, 머지않아 다른 남자와 바람피울 것이 뻔해 보이더라도 문제가 안 돼요. 노인이 그렇게 하는 일은 이제 흔해졌어요. 그리고 젊은 여자를 아내로 취하는 노인은 자기가 그렇게 하는 것을 꽤나 자랑스럽게 생각한답니다.

나이 많은 여자들을 보면 더 가관입니다. 그녀들은 세월의 무게를 견디기가 어렵기에 무덤에서 일어난 송장 같은 몰골을 하고 있지요. 그렇지만 그녀늘은 여전히 "인생은 아틈답나"고 노래하며 나닌답니다. 게다가 그리스인들이 말하듯이 냄새를 풍기며 다닙니다. 그리고 많은 돈을 써가면서 젊은 파온을 유혹합니다. 그녀들은 얼굴에 화장품을 덕지덕지 바르고, 거울에서 떠나지 않습니다. 은밀한 곳에서 털을 뽑는가 하면 꺼져서 빈약해진 가슴을 드러냅니다.

떨리고 흐느끼는 듯한 목소리로 꺼져가는 갈망을 되살려냅니다. 술을 마시고, 처녀들 사이에 끼어들어 함께 춤추고, 연애편지를 괴발개발 쓰기도 합니다.

그런 행태를 보면 그 지독한 바보스러움 때문에 웃음이 터집니다. 그렇지만 그들은 스스로에 대해 즐거워하고, 달콤한 환상에 젖은 채 지극한 기쁨으로 가득 찬 삶을 살아갑니다. 내 덕분에 모두 행복하게 살아가는 것이죠. 이런 모습을 조소의 눈길로 바라보려는 사람이 있다면 다시 숙고해보기를 바랍니다. 이런 어리석은 짓들을 하면서 인생을 즐겁게 살아가는 것이 자기 목을 매달 들보를 스스로 찾는 것보다 더 나은 게 아닌지를.

이런 꼴불견은 대체로 눈살을 찌푸리게 만들기는 하지만 나의 바보들에게는 아무런 문제가 되지 않아요. 그들은 이런 것이 잘못된 것이라고 느끼지 않을 뿐만 아니라 설령 그렇게 느낀다고 해도 가볍게 무시할 줄 알죠.

바위가 여러분의 머리 위에 떨어지면 그것은 그 자체만으로도 정말로 불행한 일입니다. 그러나 부끄러움, 불명예, 치욕, 모욕은 그것을 의식할 때에만 상처를 줍니다. 의식하지 않는다면 그것은 불행한 일이 아닙니다. 세상의 모든 사람이 비웃더라도 여러분 자신은 스스로에게 박수를 친다면 무슨 문제가 있겠습니까? 전혀 없습니다. 오직 바보 여신만이 그렇게 되도록 해줍니다.

지금 내 귀에는 철학자들이 고함치는 소리가 들리는 것 같군요. 어리석음, 환상, 기만, 무지 속에서 사는 것은 비참한 일이라는 외침 말이에요. 그렇지만 사실은 그 반대예요. 그렇게 사는 것은 인간적인 일이에요. 여러분은 그런 과정을 거치면서 태어나고 양육되고 성숙해 가는데, 왜 철학자들은 그것을 비참한 일이라고 매도하는지를 나는 모르겠어요. 그것은 인류 모두의 공통된 운명인데 말이죠.

주어진 한계 안에서 충실한 삶을 사는 데 비참함이란 있을 수 없어요. 그것이 비참하다는 것은 사람이 새처럼 날 수 없어서, 또는 다른 동물들처럼 네 다리로 기어 다닐 수 없고 황소처럼 뿔을 달고 있지 않아서 유감스럽다고 하는 것과 같은 말이죠. 그런 식의 어법이라면 아무리 훌륭한 말도 문법을 모르고 과자를 먹을 줄 모르기 때문에 불행하고, 황소는 체조를 할 줄 모르기 때문에 불행하다고 해야죠. 그러나 문법을 전혀 모르는 말은 불행하지 않아요. 마찬가지로 어리석은 사람도 불행하지 않아요. 그는 자신의 본성에 맞게 사는 것이니까요.

그런데 철학자라는 언어의 마술사들은 또 다른 주장을 내세워요. 인간은 학문을 이해하는 재능을 특별히 부여받았고, 그 학문의 힘으로 인간은 자연으로부터 부여받지 않은 것을 대신 만들어낼 수 있다고. 그러나 과연 자연이 작은 날벌레와 풀과 꽃 같은 것은 빈틈없이 주시하면서 오직 인간에 대해서만 방심한다는 것이 있을 법한 일인가요? 그래서 인간은 학문을 필요로 하게 됐다는 말인가요? 학문은 인류에게 적대적이었던 테우토스가 인류에게 최고의 재난을

안겨주기 위해 고안한 것 아닌가요?*

학문은 사실 행복을 위해서는 아무런 쓸모가 없어요. 애초에 학문이 발명될 때의 목적을 실현하는 것을 학문이 오히려 가로막죠. 이에 대해서는 이미 플라톤의 작품에서 가장 지혜로운 왕이 문자의 발명에 관한 논의를 통해 멋지게 증명했어요. 결국 학문도 다른 모든 재난과 함께 인간 세상에 끼어든 거예요. 학문과 재난은 똑같이 모든 악행의 원천인 악마에게서 비롯됐죠. 바로 여기서 '다이몬(악령)'이라는 말까지 생겨났어요. 다이몬은 그리스어로 '학자'를 뜻하거든요.

그렇지만 황금시대♠의 순진무구한 종족에게는 학문이라는 것이 전혀 필요 없었어요. 그들은 단지 자연의 인도를 받으며 본성에 따라 살았죠. 모든 사람이 똑같은 언어를 쓰고 있었고 남을 설득해야 할 일도 없었는데 문법이 왜 필요했겠어요? 말이란 결국 서로를 이

---

* 테우토스는 플라톤의 《파이드로스》에 등장하는 이집트의 토착신 테우트의 그리스식 이름이다. 테우트는 이집트인에게 문자를 가르쳐주고 수와 계산법, 기하학과 천문학, 장기와 주사위 놀이까지 전해주었다고 한다. 그런데 테우트가 문자가 이집트인을 더욱 지혜롭게 만들어줄 것이라고 설명하자 당시 이집트의 왕은 전혀 다른 견해를 제시한다. 문자는 사람들로 하여금 기억하는 일에 무관심하게 해서 영혼 속에 망각을 넣을 것이고, 글쓰기에 대한 믿음을 낳아 사람들이 자신의 힘으로 영혼 속에 있는 것을 상기하려고 하지 않게 된다는 것이었다. 그래서 문자를 배운 사람들은 스스로 많이 안다고 생각하지만 사실은 무지하다고 그는 주장했다. 이는 휴대전화의 전화번호 저장 기능을 믿기 때문에 친지의 전화번호를 외우지 못하게 되는 경우와 비슷한 이치를 말한 것으로 생각된다.

♠ 오비디우스는 《변신》에서 인간 세계에 문명이 생기기 전의 시대를 '황금시대'라고 표현했다. 그 시대에는 사람들이 서로를 믿었고 서로에게 정의로웠지만 은의 시대, 청동의 시대, 철의 시대로 바뀌면서 인간의 악행이 늘어났다고 한다.

해하기 위한 수단인데 말이에요. 다른 사람과 다투는 일이 없었는데 왜 논증술이 필요했겠어요? 다른 사람과 소송을 벌이는 일도 없었으니 변론술도 없었겠죠? 나쁜 습관이 아예 없었거늘 법률학이 무슨 쓸모가 있었겠어요? 좋은 법률은 분명 나쁜 습속에서 비롯되는 것이죠. 그들은 또한 매우 경건했기에 불경한 호기심을 품지 않았어요. 그러니 자연의 비밀을 캐내고 우주의 숨겨진 원인을 추적한답시고 별을 세고 그 움직임을 측정하거나 그 영향을 계산하는 따위의 일은 하려고 하지 않았어요. 그들은 사멸하는 존재인 인간이 주어진 한계를 넘는 지식을 얻으려고 시도하는 것은 해서는 안 될 일이라고 생각했어요.

하늘을 넘어서는 것을 탐구하려는 광적인 의욕은 그들의 머리에 아예 떠오르지도 않았어요. 그런데 순진무구하던 황금시대가 점차 끝나면서 앞서 말한 바와 같이 학문이 악마에 의해 발명됐어요. 그렇지만 처음에는 학문의 종류가 극소수였고 그것을 배우는 사람들도 아주 적었어요. 그러나 나중에 칼데아인*의 미신과 그리스인의 공연한 경박함으로 말미암아 그 종류가 600개로 늘어나 인간의 두뇌를 더 고통스럽게 만들었지요. 사실 문법 하나만 해도 인간을 끊임없이 고문하기에 충분하거든요.

---

* 유프라테스 강과 티그리스 강 주변에서 생활하던 유목민족. 이들이 일찍부터 별자리를 탐구하여 인류 최초로 점성술을 만들어냈다는 것이 정설이다. 점성술은 나중에 그리스로 전파되어 널리 퍼진 것으로 전해진다.

다만 학문 가운데 상식과 가까운 것일수록 존중을 받지요. 그런데 상식은 '어리석음'과 통해요. 신학자는 배가 고프고, 과학자는 냉대를 받습니다. 점성가는 비웃음을 당하고, 논리학자는 무시당하기 일쑤입니다. 오직 의사만이 수많은 사람 몫의 가치를* 지니지만, 무지하고 무모하고 생각이 얕은 의사일수록 큰 인기를 누려요. 그러한 의사는 유력한 왕족들 사이에서도 마찬가지로 인기를 누리지요. 널리 사용되는 약은 아첨과 비슷한 것으로서 수사학 못지않게 애용됩니다.

의사 다음으로 존중받는 자리에는 법률가가 있어요. 어쩌면 법률가가 맨 앞자리를 차지해야 할지도 몰라요. 그러나 법률가의 일은 자신의 말을 하는 것이 아니므로 법률가는 당나귀 같은 직업이라는 데 철학자들의 의견이 일치해요. 그래서 철학자들은 법률가를 비웃곤 해요. 나는 그렇게 하지 않을 작정이에요. 그런데 크고 작은 일들이 이 '당나귀'들의 손에 의해 처리되고 있어요. 그들의 재산도 따라서 늘어나고요. 반면에 신에 관한 책을 모두 섭렵한 신학자들은 마른 콩이나 갉아 먹으면서♣ 빈대와 이를 상대로 끝없는 전쟁을 벌이죠.

결국 지식 가운데 그것을 추구하는 사람을 더 행복하게 해주는 분야는 어리석음과 더 가까운 것이에요. 또한 학문에는 결코 가까이 가지 않고 자연이 인도하는 대로 살아가는 사람이 그야말로 가장 행복한 사람이에요. 우리가 사멸할 운명이라는 한계를 넘어서기 위해 애쓰지만 않는다면 자연에는 헛된 것이 없어요. 자연은 인공을 미워해요. 그리고 인위적으로 개조되지 않은 것이 훨씬 더 큰 행복을 낳아줍니다.

내가 이렇게까지 말했는데도 여러분은 모르겠어요? 모든 생물 가운데서 학문적 지식과 가장 멀리 떨어져 있고 오직 자연만을 교사로 삼는 생물이 가장 행복하다는 것을? 꿀벌은 자연적인 감각기관을 모두 갖추고 있지 않아요. 하지만 꿀벌보다 행복하고 경이로운 것이 세상에 어디 있어요? 건축물을 짓는 일에서 꿀벌의 재능에 버금가는 것을 어디서 찾을 수 있나요? 과연 어떤 철학자가 꿀벌의 나라와 같은 국가를 세울 수 있을까요?

말은 이와 대조적이죠. 말은 사람과 비슷한 감각기관들을 갖고 있어요. 뿐만 아니라 사람과 같은 집에서 생활하죠. 때문에 말은 인간의 불상사를 함께 나눠야 합니다. 말은 경주에서 지면 부끄러움

---

* 호메로스의 《일리아스》 11권에 나오는 말이다. 트로이군과 전투를 벌이던 그리스군의 의사 마카온이 부상당하자 그리스군의 장수 이도메네오가 마카온을 서둘러 후송하라고 네스토르에게 요청하면서 이런 말을 했다.
♠ 이 구절의 라틴어 원문은 lupinum aroodit로 돼있다. 가톨릭대학교 고전라틴어연구소에서 편찬한 국내 유일의 《라틴-한글 사전》에 의하면 lupinum은 '늑대의, 늑대에 관한' 이라는 뜻을 갖는다. 따라서 이 구절은 '늑대의 것을 갉아 먹는다'로 번역된다. 아무래도 전후 문맥과 어울리지 않아서 Betty Radice의 이 책 영역판(Penguin Classics)을 찾아보니 '마른 콩을 갉아 먹는다(nibbles at a dry bean)로 돼있고, 프랑스어판을 우리말로 옮긴 을유문화사의 번역본과 서해클래식의 번역본에는 '층층이부채꽃을 갉아 먹는다'로 옮겨져 있다. 모두 원문과는 다른 번역이지만, 여기서는 일단 영역본의 번역을 따랐다. 옮긴이로서는 왜 이렇게 원문과 다르게 번역됐는지, 그리고 라틴어 단어 lupinum에 또 다른 뜻이 있는지에 대해서는 아직까지 파악하지 못했다.

을 느껴요. 그래서 경주가 끝나면 몹시 헐떡거립니다. 또 전쟁터에서 승리하기 위해 온힘을 다하다가 때때로 상처를 입거나 주인과 함께 먼지를 실컷 들이마시게 돼요. 더 이상 자세한 이야기는 하지 않겠어요. 입에 물리는 날카로운 재갈, 콕콕 쑤시는 통증, 감옥 같은 마구간, 채찍, 몽둥이, 고삐, 등에 탄 사람…, 이 모든 것이 말은 노예와 같은 신세임을 말해줍니다. 이런 신세는 말이 용감한 사람을 흉내 내어 적에게 복수하려는 의욕을 불태울 때에는 스스로 감수할 수밖에 없는 것이죠.

이에 비해 순간순간을 오로지 타고난 본성에 따라 살아가는 파리나 작은 새의 삶이 훨씬 더 바람직스러워요. 사람이 쳐놓은 덫에 걸리지만 않으면 되니까요. 만약 어떤 새가 새장에 갇혀서 사람의 목소리를 흉내 내도록 강요받는다면 그 새 본래의 명랑한 목소리는 상당히 약해지겠지요. 자연이 창조한 것은 인공적인 기술이 지어낸 것보다 훨씬 더 활기가 있으니까요.

또한 잠시 저 유명한 피타고라스가 되어보기도 했던 수탉*을 나는 한없이 찬양하고 싶어요. 그 수탉은 모든 것이 다 되어보았어요. 철학자, 남자, 여자, 왕, 평민, 물고기, 말, 개구리, 심지어 해면까지. 그 결과 그 수탉은 모든 동물 가운데 인간이 가장 불행하다는 결론을 내렸어요. 그 이유는 분명해요. 다른 동물은 모두 타고난 한계에 만족하는데 유독 인간만은 주어진 운명의 한계를 뛰어넘으려고 끊임없이 시도하기 때문이죠.

어쨌든 그 수탉은 인간 가운데 학식이 있고 위대한 인물보다는 무지한 사람을 더 좋아했어요. 그릴로스는 꾀 많은 오디세우스보다 상당히 현명했지요. 그토록 수많은 위험스런 모험을 함께 하기를 마다하고 우리 안에 머물러 꿀꿀대기를 선택했으니까요.♠ 우화의 아버지인 호메로스 역시 같은 견해를 가졌던 것 같아요. 그는 모든 인간을 비참하고 고통 받는 존재로 묘사했으니까요. 지혜의 상징으로 간주되는 오디세우스에 대해서도 때때로 불운하다고 했지요. 다만 그는 파리스♣나 아이아스†나 아킬레우스♧에 대해서는 그런 말을 하지 않았어요. 그 이유는 무엇일까요? 교활한 꾀의 대가인 오디세우스도 팔라스 여신의 도움 없이는 아무 일도 못 했고, 본성의 인도로부터 너무나 멀어졌기에 더욱 많은 꾀를 내야 했기 때문이 아

---

* 여기서 언급되는 수탉에 관한 이야기는 루키아노스의 작품 《수탉》에 나오는 것이다. 루키아노스는 2세기에 활동한 그리스의 풍자작가다.

♠ 1세기에 활동한 그리스 출신의 로마 작가 플루타르코스의 《모랄리아》에 나오는 이야기다. 그릴로스는 오디세우스에게 인간보다 동물이 더 행복함을 납득시키려고 한다.

♣ 트로이 전쟁을 유발한 트로이 왕국의 왕자. 파리스가 스파르타에 갔다가 왕비 헬레네를 납치했기 때문에 그리스 도시국가들이 연합군을 결성해 트로이를 공격했다. 알렉산드로스라고 불리기도 하는데, 트로이 전쟁을 소재로 한 호메로스의 《일리아스》에서는 파리스보다 알렉산드로스라는 이름이 더 많이 사용된다.

† 그리스 연합군의 영웅 가운데 한 사람. 영웅 아킬레우스가 전사한 뒤 그의 갑옷을 누가 물려받을 것인지를 둘러싸고 오디세우스와 경쟁을 벌인 끝에 오디세우스에게 빼앗겼다. 이 때문에 아이아스는 미쳐버리고 양떼를 도륙하고는 제 정신으로 돌아오자 스스로 삶을 포기했다. 소포클레스의 비극 《아이아스》는 이 일화를 소재로 하여 지어진 작품이다.

♧ 아킬레우스는 트로이 전쟁을 벌인 그리스 연합군의 최고 영웅이다. 펠레우스라는 인간과 테티스 여신 사이에서 태어났다. 어머니 테티스 여신이 아킬레우스를 불사신으로 만들려고 지옥의 강 스틱스에 담갔으나 발뒤꿈치는 적시지 못했다. 이 때문에 발뒤꿈치가 아킬레우스의 치명적인 약점이 됐다. 이런 경우로 아킬레스건(腱)이라는 말도 생겨났다. 결국 아킬레우스는 트로이 전쟁에서 파리스가 쏜 화살에 발뒤꿈치를 맞아 죽게 된다.

닐까요?

그러므로 인간 가운데 지혜를 추구하는 사람들이 행복으로부터 가장 멀리 떨어져 있어요. 그런 사람들은 이중으로 어리석어요. 그들은 자신이 인간으로 태어났다는 사실을 무시하고 불멸의 신을 흉내 내어 살려고 하기 때문이죠. 또 그리스 신화의 기간테스*처럼 학문을 도구로 사용하여 자연에 싸움을 걸곤 하죠.

반대로 말을 못 하는 동물과 같이 본능적인 어리석음에 가장 충실하고 인간의 능력을 넘는 일은 시도하지 않는 사람들이 가장 덜 불행해요. 내가 하는 말이 맞는지 알아보기 위해 단순한 예를 가지고 살펴보겠어요. 스토아학파의 삼단논법도 필요 없어요.

불멸의 신이여! 바보, 어리석은 자, 머저리, 쓸모없는 자 등으로 불리는 사람보다 더 행복한 사람이 있을까요? 내 생각으로는 이런 사람들을 지칭하는 이름은 모두 매우 아름다워요. 아마도 내가 말하는 것이 얼핏 듣기에는 황당무계하고 불합리하게 여겨질 거예요. 그렇지만 그것은 가장 진실한 이치예요.

우선 그들에게는 죽음에 대한 두려움이 없어요. 그래서 제우스 신에게 맹세하건대, 심각한 불행이라는 것도 그늘의 사선에는 없

---

* 우라노스의 피가 대지에 떨어져 생겨난 거인족으로, 제우스를 비롯한 신들과 전쟁을 벌인다. 전세가 신들에게 불리하게 돌아가자 제우스 신이 헤라클레스의 도움을 받아 전세를 역전시킨다.

어요. 그들은 또한 양심의 가책도 느끼지 않아요. 죽은 사람에 관한 이야기도 그들을 공포로 몰아넣지 못해요. 그들은 유령도 무서워하지 않아요. 임박한 재난의 공포 때문에 괴로워하지도 않고, 미래의 행복에 대한 희망 때문에 마음이 들뜨는 일도 없어요. 요컨대 그들은 우리의 인생에 괴로움을 주는 수천 가지 걱정에 시달리는 일이 없어요. 그들에게는 부끄러움도, 두려움도, 야망도, 시기도, 사랑도 없어요. 더 나아가 그들이 야수처럼 무지의 상태에 가까워지면 죄도 성립하지 않게 됩니다. 신학자들의 설명에 따르면 그렇습니다.

진실로 바보 같은 현자들이여, 그대들의 마음이 온갖 걱정으로 시달리는 낮과 밤을 모두 헤아려보세요. 여러분이 살아가면서 겪는 고통을 모두 한 무더기로 쌓아올려 보세요. 그러면 내가 나의 바보들을 괴로움으로부터 구해준 일이 얼마나 많은지를 알게 될 거예요.

그들은 언제나 즐거워하는 가운데 놀고 노래를 부르고 웃으며, 어디를 가나 모든 사람에게 쾌락과 농담과 재미와 웃음을 선사한다는 사실도 잊지 마세요. 마치 신이 그들에게 인간생활의 슬픔을 행복으로 바꿀 수 있는 능력을 부여하기라도 한 것 같아요.

그러므로 사람들은 다른 사람들과 마음이 맞지 않는 경우가 간혹 있더라도 앞서 말한 그런 사람들만은 항상 친구로 받아들이죠. 필요할 때 찾고, 식사도 대접하고, 쓰다듬어주고, 포옹해줄 뿐 아니라 도움을 주기도 해요. 그리고 그들이 무슨 말을 하고 무슨 짓을 하든

모두 용인됩니다. 그들을 해치는 일은 누구도 꿈꾸지 않아요. 야수조차 그들의 순진함을 어느 정도 본능적으로 인식하기에 아무런 해도 끼치지 않습니다. 그들은 진실로 신의 보호 아래 있어요. 특히 나의 보호를 받고 있지요. 때문에 그들은 모든 사람으로부터 존중받고 있습니다. 그것은 결코 부당한 일이 아니에요.

더욱이 그들은 군주로부터도 사랑을 받아요. 위대한 통치자도 그들 없이는 식사도 못 하고, 걷지도 못 하고, 단 한 시간도 살 수가 없어요. 군주는 대외적인 과시를 위해 억지로 관계를 유지해야 하는 거북스러운 현인보다는 바보를 훨씬 더 높게 평가하죠. 군주가 바보를 더 좋아하는 이유는 애매한 것도, 신기한 것도 아니에요. 현인이 군주에게 보여줄 것이라고는 궁상밖에 없지요. 현인은 자신의 학식을 너무 믿는 나머지 때때로 군주의 귀에 거슬리는 말까지 아무 두려움 없이 해버리죠. 반면에 바보는 군주가 찾는 바로 그것을 제공합니다. 농담, 웃음, 명랑함, 그리고 재미를.

바보들은 결코 무시할 수 없는 또 하나의 선물을 받았음을 인정해야겠네요. 그것은 오직 그들만이 솔직하고 진실하다는 것이죠. 진실보다 더 칭송할 만한 것으로 무엇이 있겠어요?

플라톤의 저작에서 알키비아데스가 말한 속담에 따르면, 진실은 포도주와 어린이에게 있다*고 합니다. 그러나 그런 찬사는 모두 내가 받아야 해요. 에우리피데스의 작품♠에도 바보가 진실을 말한다는 유명한 말이 있어요.

바보의 마음속에 있는 것은 무엇이든 얼굴에 나타나고 말로 튀어나오죠. 그러나 현인은 에우리피데스도 말했듯이 두 개의 혀♣를 가지고 있어요. 하나는 진실을 말하는 혀이고, 다른 하나는 그때그때 상황에 맞게 말하기 위한 혀예요. 현인은 검은색을 흰색으로 바꾸고, 같은 입에서 뜨거운 공기와 찬 공기를 동시에 내뿜어요.† 현인이 마음속에 갖고 있는 생각과 말로 표현하는 것은 완전히 별개예요.

왕은 모든 면에서 행운아예요. 다만 진실을 말해줄 사람이 곁에 없다는 것이 왕에게 큰 불행인 것 같아요. 왕은 아첨꾼을 친구로 둘 수밖에 없어요. 군주의 귀는 진실을 피하고 현명한 사람을 멀리해요. 그 이유에 대해 사람들은 이렇게 말합니다. 너무 자유로운 사람이 곁에 있으면 듣기 좋은 말보다는 진실의 말만을 그가 할 위험이 있다는 거죠. 나도 동감이에요. 사실 진실은 군주들로부터 기피당해요. 그렇지만 나의 바보들은 그런 일도 놀랍게도 잘 해내요. 그들은 다소 공격적인 언사까지 써가며 진실을 이야기하면서도 군주로 하여금 즐거운 마음으로 그것을 듣게 만들어요. 현인의 생명을 빼앗을지도 모르는 말도 바보가 하면 믿을 수 없을 만큼 큰 즐거움을

✱ 이는 플라톤의 《향연》 217e에 나오는 말이다.
♠ 에우리피데스의 비극 《바코스의 여신도들》 369행.
♣ 에우리피데스의 비극 《레소스》 394행에 트로이의 영웅 헥토르가 "나는 언제나 진실을 말하기를 좋아하며, 일구이언하는 사람이 아니오"라고 말하는 대목이 나온다. 이 작품은 에우리피데스가 쓴 것이 아니라는 주장도 있다.
† 로마시대의 시인 유베날리스의 《풍자시》 3권 30행.

준답니다. 왜냐하면 진실은 순수한 힘을 갖고 있어서 남의 감정을 상하게 하지만 않으면 즐거움을 줄 수 있기 때문이에요. 진실을 말하면서도 즐거움을 주는 능력, 그것은 신이 오직 바보들에게만 부여한 능력입니다.

이런 이유로 여자는 바보에게서 많은 즐거움을 얻어요. 여자는 원래 즐거운 것과 가벼운 것을 좋아하도록 타고났으니까요. 바보가 여자와 무슨 짓인가를 벌이고, 특히 그 결과로 자못 심각한 상황에 이르는 경우도 적지 않아요. 하지만 그런 경우에도 여자는 그것을 장난이었다거나 재미를 위해 한 일이었다고 얼버무립니다. 여자는 자기가 저지른 짓을 포장하는 데 참으로 능숙하죠.

바보들의 행복에 관한 이야기로 되돌아가죠. 그들은 즐거움으로 가득 찬 인생을 살고 난 다음 죽음에 대해 의식하지도 못 하고 두려워하지도 않으면서 엘리시움의 평원으로 곧바로 들어가요. 그리고 거기서도 안식을 얻으러 온 경건한 영혼을 그들의 재주로 즐겁게 해줘요.

이제 현인의 운명을 이런 바보들과 비교해보죠. 바보와는 정반대되는 지혜의 전형적 인물을 생각해봅시다. 그 인물은 어린 시절과 청년기를 학문탐구에 온통 다 써버렸어요. 그는 수많은 밤을 뜬눈으로 새우고 고통과 걱정에 시달리면서 인생의 가장 행복한 시기를 잃어버린 거예요. 그는 인생의 남은 기간에도 한 조각의 즐거움도 맛보지 못하고 말아요.

그는 언제나 절약하는 습성이 몸에 배어 있고 가난에 찌들어 있어요. 까다롭고 거칠고 자신에게 가혹하고 엄격할 뿐만 아니라 남에게 따분하고 혐오감만 줘요. 창백하고 야위고 허약하며 눈은 침침해요. 때 이르게 머리는 하얗게 세고 노쇠해져요. 그러고는 기진맥진해져서 때 이르게 삶을 마감하죠.

그런 사람이 죽는다고 해서 특별히 달라질 것이 있을까요? 어차피 그는 제대로 살아본 적이 없으니 말이에요. 이런 것이 바로 현인의 근사한 초상이에요.

그런데 '스토아의 개구리'들이 나를 보고 다시 울어대기 시작하네요. 광기만큼 가련한 것은 없다고 하네요. 심각한 어리석음도 광기와 거의 같다고, 또는 그 자체가 광기일 수도 있다고 하네요. 광기란 정신이 정상적인 궤도에서 벗어난 상태를 의미하는 것이기 때문이랍니다. 그런데 사실은 그 개구리들이 궤도에서 이탈한 것입니다. 그들의 논리가 정교하기는 하지만, 무사 여신들의 도움을 받아 그것을 허물어버립시다.

일찍이 플라톤의 저작 속에서 소크라테스는 하나의 아프로디테와 하나의 에로스가 어떻게 각각 둘로 나눠지는지를 가르쳤습니다.* 그와 마찬가지로 저 변증술의 대가들도 정상적인 분별력을 갖고 있음을 입증해 보이려면 광기를 두 가지로 나눠야 할 겁니다. 왜냐하면 모든 광기가 재난은 아니니까요. 호라티우스도 "다정한 광기가 나를 희롱하는 것이 아닐까"♣ 하고 노래하지 않았던가요? 플라톤은 시인과 예언자 및 사랑에 빠진 사람의 열정을 인생의 특별한 축복 가운데 하나로 간주하지 않았던가요?♣ 예언녀†도 저 아이네아스의 힘들었던 모험을 광기라고 부르지는 않았어요.

광기에는 두 가지가 있어요. 한 가지 광기는 지옥에서 복수의 여신이 뱀을 풀어놓을 때♧ 복수심으로 가득 찬 분노의 화신으로 달려와요. 그러고는 인간의 마음에 침투해서 전쟁에 대한 갈망, 황금에 대한 만족할 줄 모르는 탐욕, 불명예스러운 애정행각, 존속살해, 근친상간, 신성모독 등의 악행을 초래하죠. 또는 상처를 입었거나 죄의식을 느끼는 영혼을 따라다니면서 활활 타오르는 복수심과 공포를 심어주죠.

또 하나의 광기는 그런 광기와 사뭇 다르고 그 어떤 것보다 바람직한 것입니다. 그것은 나에게서 비롯되는 것임이 명백해요. 그 광기는 정신의 행복한 궤도이탈을 통해 영혼을 깊은 근심에서 해방시키고 이와 동시에 갖가지 즐거움을 선사함으로써 상처 입은 영혼을

---

* 플라톤의 《향연》 180d 참조. 아프로디테는 판데모스(통속적인) 아프로디테와 우라니오스(천상의) 아프로디테로 나뉘고, 에로스도 판데모스 에로스와 우라니오스 에로스로 나뉜다고 한다. 그런데 이 말은 소크라테스가 아니라 파우사니아스가 말한 것으로 돼있다. 에라스무스가 착각한 것 같다.

♠ 호라티우스의 《송가》 3권에 들어있는 문장이다. 호라티우스는 기원전 1세기에 활동한 로마의 대표적인 서정시인이다.

♣ 플라톤의 《파이드로스》 244a~245a 참조.

† 아이네아스가 패망한 트로이를 탈출해 지중해를 유랑하다가 이탈리아 반도의 쿠마이에 들렀을 때 만난 예언녀 시빌라를 가리킨다. 베르길리우스의 《아이네이스》 6권 참조.

♧ 지옥인 타르타로스에서 사는 복수의 여신은 머리카락이 뱀으로 돼있다. 이 복수의 여신은 에리니에스, 네메시스 등 여러 가지로 불린다.

회복시켜줍니다. 그것은 키케로가 아티쿠스*에게 보낸 편지에서 간절히 고대한다고 한 환상 같은 것입니다. 키케로는 자기에게 닥쳐온 큰 불행을 잊기 위해 신의 선물로서 그런 환상이 자기에게 주어지기를 바랐던 것입니다.

호라티우스가 예로 든 '아르고스의 남자' 역시 바로 이런 경우에 해당됩니다. 그의 광기라고 해봐야 온종일 극장에 홀로 앉아 웃고 박수치고 스스로 즐기는 것이 전부였어요. 극장에서 아무런 작품도 공연되지 않고 있을 때도 그는 어떤 비범한 연극이 공연되고 있다고 믿곤 했지요. 그렇지만 그는 그 밖의 다른 일에서는 자신의 의무를 훌륭하게 다 했어요. "친구에게 유쾌하고, 아내에게 친절하며, 노예에게 관대해서 병이 깨진 것을 보아도 분노에 떨지 않았다"♠고 해요. 친구들이 돌봐주며 약을 주고 치료해주자 그는 곧바로 제정신으로 돌아왔어요. 그때 그는 친구들에게 이렇게 항의했어요.

정말이지 친구여, 그대들은 나를 죽였네. 이것은 나를 구해준 것이 아니네.
나의 즐거움을 빼앗고, 내 마음에서 가장 매혹적인 환상을 쫓아냈

---

* 아티쿠스는 키케로가 평생 우정을 나눈 친구다. 《법률론》을 비롯한 키케로의 저서에 대화자로 등장하기도 한다. 키케로가 아테네에 있는 아티쿠스에게 보낸 편지를 모아놓은 서간집 16권이 남아 있다. 본문에서 언급된 편지는 서간집 3권 13-2에 있다.
♠ 호라티우스의 《서간시》 2권 2-133~134.

으니.

그의 말은 참으로 옳은 것이었어요. 그는 스스로 환상에 빠졌어요. 그렇게 행복하고 즐거운 광기를 악까지 써서 추방해야 할 악덕이라고 생각한 사람들에게 오히려 광기를 치료하는 약초가 더 필요했을 거예요. 나는 그런 감각적이거나 지적인 일탈행위에 광기라는 명사를 갖다 붙여야 하는지의 여부를 아직 확실히 모르겠어요. 눈이 침침해서 나귀를 노새라고 생각하거나 졸작에 불과한 시를 수작이라고 찬양하는 것은 광기라고 생각되지 않아요.

그러나 단순히 감각에서만이 아니라 판단에서까지 잘못을 저지르고, 그런 일이 납득할 수 있는 정도를 넘어서 오래간다면 틀림없이 광기에 가까워졌다고 해야겠죠. 나귀의 울음소리를 듣고 놀라운 교향악을 듣는다고 생각하거나 가난하고 천한 신분으로 태어난 주제에 자기가 리디아의 왕 크로이소스*라고 상상하는 사람들이 그런 경우에 해당되지요.

그렇지만 그런 종류의 광기도 특별한 즐거움을 주는 경우가 왕왕 있어요. 그런 일을 겪는 사람과 목격하는 사람 모두 큰 즐거움을 얻

---

* 크로이소스는 막대한 재산을 소유한 왕이었고, 언제나 그 재산을 자랑했다. 아테네의 입법자 솔론을 만났을 때도 자신의 재산을 모두 보여주면서 자기가 가장 행복한 사람임을 과시했다. 그러자 솔론은 "죽기 전에는 행복한 사람이라고 말하는 것은 보류해야 한다"고 따끔하게 충고했다. 훗날 크로이소스는 페르시아의 키로스 왕과 벌인 전쟁에서 패배하여 포로가 됐다. 헤로도토스 《역사》 1권 참조.

게 되니까요. 그러나 그런 광기가 모두 똑같은 것은 아니에요. 왜냐하면 광기의 종류는 보통 사람들이 알고 있는 것보다 훨씬 더 다양하니까요. 어떤 광인이 다른 광인을 비웃기도 하고, 광인끼리 서로 즐거움을 주기도 해요. 그리고 더 미친 사람이 그렇게 심하게 미치지는 않은 사람을 보고는 더 깔깔거리며 웃는 모습을 여러분도 가끔 볼 거예요.

바보 여신이 판단하건대, 광기가 다양할수록 인간은 더 행복해요. 다만 광기가 나의 영역 안에 머물러 있는 경우에 한해서 그래요. 실제로 그런 광기는 그야말로 널리 퍼져 있어요. 온 인류 가운데 언제나 현명하고 어떤 형태의 광기에도 물들지 않는 사람을 단 한 명이라도 찾아낼 수 있을지 의심스러워요. 어떤 사람이 호박을 보고 그것을 아내로 착각한다면 그는 미친 사람으로 불리죠. 그런 일은 거의 일어나지 않으니까요.

그러나 어떤 남편이 많은 애인들과 사통하는 아내를 두고 정절의 상징인 페넬로페♠보다 더 낫다고 우기거나 착각인 줄도 모르고 그렇게 믿는 경우에는 아무도 그를 미쳤다고 하지 않아요. 그런 일은 결혼생활을 하는 부부 사이에서 흔히 있는 일이니까요.

♠ 페넬로페는 오디세우스의 아내다. 오디세우스가 트로이 전쟁에 참전하기 위해 떠난 뒤 20년 동안 집을 비워놓은 사이에 다른 남자들이 결혼하자고 조르며 괴롭히자 페넬로페는 베틀로 베를 짰다가 다시 실로 풀어내는 방법으로 시간을 끌면서 버텼다. 호메로스의 《오디세이아》 참조.

사냥 외에는 아무것에도 신경 쓰지 않는 사람들도 같은 부류에 속해요. 그들은 사냥터에서 섬뜩한 나팔소리와 사냥개가 짖어대는 소리를 들으면 믿을 수 없을 만큼 큰 희열을 느낀다고 말하니까요. 그들에게는 사냥개의 배설물 냄새조차 계피향 같을 거예요. 짐승의 팔다리를 자를 때 그들이 얼마나 큰 만족감에 젖어들까요? 평민도 물론 황소나 양 같은 것을 잡을 수 있어요. 그러나 사냥한 동물을 베어낼 권리는 귀족에게만 있어요. 귀족은 모자를 벗고 무릎은 꿇은 채 특수한 칼을 쥐고 일정한 자세로 정해진 순서에 따라 포획된 동물을 엄숙하게 베어냅니다. 그 과정에서 허용되는 동작 이외의 다른 동작을 해서는 안 됩니다. 주변에는 구경꾼들이 조용히 둘러서서 이미 천 번도 넘게 봐온 광경에 마치 처음 보는 것처럼 또다시 감탄사를 연발하지요. 만약 누군가가 운 좋게도 동물의 고기 한 점이라도 얻어먹으면 그는 자기가 귀족의 세계에 좀더 다가섰다는 환상을 갖게 됩니다. 사냥을 좋아하는 사람들이 끊임없이 사냥을 하고 잡은 야생동물을 잡아먹어 성취하는 것이라고는 그들 자신의 타락밖에 없습니다. 그들은 사실상 스스로 야수가 되는 것입니다. 그럼에도 그들은 언제나 왕 같은 삶을 산다고 착각합니다.

건축에 대해 만족시킬 수 없는 정열을 불태우는 사람들도 똑같은 경우입니다. 그들은 원형 건물을 사각형 건물로 바꾸고, 또 사각형 건물을 원형 건물로 바꾸는 짓을 한도 끝도 없이 거듭하니까요. 그 결과로 그들은 살 곳도 없고 먹을 것도 없는 극도의 궁핍상태로 전

락하고 맙니다.

그렇지만 그게 무슨 문제가 되겠어요. 그들은 이미 그런 일을 다년간 해오면서 더 없는 즐거움을 누려왔는데요.

그 다음으로는 새롭고 비밀스러운 방법으로 사물의 모습을 바꾸거나 그 속에 숨어 있는 제5의 원소*를 찾아내기 위해 땅과 바다를 누비고 다니는 사람들을 꼽겠어요. 그들은 달콤한 희망에 이끌려 살기 때문에 자기가 쏟은 수고와 비용에 대해 불평하는 법이 없습니다. 그들은 정말로 기발한 것을 생각해내는 데서 언제나 특별한 재주를 발휘합니다. 그렇게 해서 그들은 끊임없이 속아 넘어가지만, 그런 망상을 통해 스스로 만족감을 느낍니다. 마침내는 모든 재산을 다 날려버리고, 집안에 화덕조차 둘 수 없게 됩니다.

그런데도 그들은 달콤한 꿈을 꾸기를 그치지 않으며, 다른 사람에게도 같은 행복을 맛보라고 열심히 부추깁니다. 마침내 모든 희망이 사라져버린 뒤에도 그들은 한 가지 명언을 상기하면서 위안을 받습니다. "큰일을 추구한 것 자체만으로도 충분하다." 그리고 인생이 짧음을 탓합니다. 거대한 과업을 성취하기에는 인생이 충분히 길지 않다는 것이죠.

도박꾼도 있군요. 많은 도박꾼이 우리를 웃길 만큼 어리석어 보이는 모습을 하고는 있지만, 그들을 우리의 동료로 받아들여야

---

* 고대 이후 서양철학에서 만물을 구성한다고 여겨온 4대 원소, 즉 흙, 물, 불, 공기 이외의 또 다른 원소를 말하는 것으로 추정된다.

하는지에 대해서는 약간의 의문이 생깁니다. 그들이 도박에 워낙 깊이 빠져있는 모습을 보면 참으로 우스꽝스럽기 그지없습니다. 주사위 굴리는 소리만 들려도 그들은 심장이 뛰고 맥박이 빨라집니다.

그들은 도박에서 승리하리라는 희망에 현혹되어 자신의 모든 재산을 다 날립니다. 그들의 재산을 실은 배는 말레아 곶보다도 훨씬 더 무서운 주사위 바위에 좌초되고,♠ 그들 자신은 벌거숭이가 되어 물에서 간신히 헤엄쳐 나옵니다. 그런 상황에서도 그들은 도박장에 다시 나타나 도박의 승자보다 더 심하게 속임수를 쓰려고 합니다. 아둔한 사람이라는 낙인이 찍히고 싶지 않기 때문이죠. 그들도 늙으면 시력을 거의 잃게 됩니다. 그래도 그들은 안경까지 써가면서 그 짓을 계속하지요. 혹시 통풍에 걸려 관절을 쓰지 못하게 되면 마지막에는 대역을 고용해서 자기 대신 주사위를 상자에 넣게 하면서까지요.

그래도 이런 놀이는 변질되어 분노를 일으키지만 않는다면 즐거운 일이죠. 그리고 분노는 복수의 여신이 맡고 있는 영역이지 나의 영역이 아닙니다.

♠ 말레아 곶은 그리스 남부의 펠로폰네소스 반도 끝에 있는 4개의 곶 가운데 하나다. 그 근처의 바다는 항해하기가 어려운 곳으로 옛날부터 알려졌다. 호메로스의 《오디세이아》 9권에도 오디세우스 일행이 말레아 곶을 돌다가 거센 파도와 바람을 만나 표류하는 대목이 나온다. 에라스무스는 말레아(Malea) 곶과 주사위(alea)의 라틴어 발음과 철자가 비슷하다는 점을 활용해 이 문장을 쓴 것 같다.

그렇지만 그런 사람들이 모두 나의 동족이라는 것은 의심할 여지가 없어요. 그들은 기적이나 해괴한 이야기를 듣거나 말하는 데서 기쁨을 느끼죠. 유령과 귀신과 악령과 지옥에 관한 동화 같은 이야기에 물리지도 않아요. 수천 가지 기적에 관한 전설도 이런 이야기에 속합니다. 이런 이야기는 진실과 거리가 멀수록 열렬히 믿어지고 더 기껍게 들립니다. 그것은 지루한 시간에 활기를 불어넣는 데 놀라운 효과를 발휘하며, 특히 성직자와 설교자에게 쓸모가 있어요.

그 다음에는 어리석지만 유쾌한 믿음을 가진 사람들이 있어요. 그들은 '오늘날의 폴리페모스'라고 불리는 성 크리스토포루스*의 나무조각상이나 그림을 보면 그날에는 자기가 결코 죽지 않는다고 확신한답니다. 또는 성녀 바르바라♠의 조각상에 말을 걸면 전투에서 다치지 않고 돌아온다고 믿어요. 그리고 양초나 기도문 조각을 가지고 적당한 날 에라스무스♣에게 기도하면 곧 부자가 될 거라는 믿음을 갖고 있어요.

---

* 기독교의 성인으로 시리아에서 태어나 데키우스 황제가 로마를 통치하던 3세기에 순교했다. 오늘날에는 운전자나 여행자의 수호성인이라고 일컬어진다.
♠ 로마시대에 니코메디아에서 그리스도교를 믿게 됐다가 순교했다. 아버지에 의해 고발당하고 아버지의 손에 의해 참수형을 당했다. 그 아버지는 딸을 참수한 직후에 벼락을 맞아 즉사했다고 한다.
♣ 이는 이 책의 저자 에라스무스를 가리키는 게 아니라 3세기에 이탈리아에서 주교로 일하다가 디오클레티아누스 황제가 로마를 통치하던 기간에 순교한 에라스무스를 가리킨다. 지중해에서 운항하는 선박의 수호성인으로 받들어진다.

그들은 제2의 히폴리투스*를 찾아낸 것과 마찬가지로 성 게오르기우스♠에게서 또 다른 헤라클레스를 발견했어요. 그들은 마구와 부적으로 자신의 말을 경건하게 장식한 뒤 사실상 그 말에게 예배하다시피 하죠. 새로운 제물을 바치고 은혜를 베풀어달라고 청원해요. 성인의 청동모자에 대고 엄숙한 맹세를 하기도 하죠. 자기가 지은 죄에 대한 공상적인 사면을 통해 스스로 즐거워하는 사람이 있는가 하면, 연옥에서 보낼 시간을 물시계로 재듯이 측정하는 사람도 있어요. 수학 계산을 위한 표를 가지고 세기, 연, 월, 일과 시간까지 오차 없이 재려고 해요. 이런 사람들에 대해 내가 무슨 말을 해야 좋을까요?

그런가 하면 경건한 사기꾼들이 고안해낸 마술부적과 기도에 의지하는 사람들도 있어요. 그런 것들은 허영심을 만족시키거나 이익을 얻기 위해 만들어진 것이지요. 그 이익에는 부, 명예, 쾌락, 풍요,

---

* 히폴리투스라고 하면 우선 그리스 신화에 나오는 인물이 있다. 그는 아테네의 왕 테세우스의 아들인데 계모 파이드라의 연심을 물리쳤다가 도리어 무고를 당해 쫓겨난다. 그는 바닷가에 난 길로 마차를 타고 가다가 테세우스의 요청으로 포세이돈 신이 보낸 괴물을 보고 공포에 질린 말들이 바다로 추락할 때 함께 끌려들어가 목숨을 잃었다. 에우리피데스의 비극 《히폴리토스》는 이 설화를 바탕으로 창작된 것이다. 17세기에 활발하게 희곡을 쓴 프랑스 작가 장 라신도 이 설화를 소재로 하여 《페드르》를 지었다. 또 한 사람의 히폴리투스는 2~3세기에 살았던 기독교 신부이자 신학자다. 그는 당시의 교황을 비판하고 스스로 교황이 되어 두 사람의 교황이 맞선 '대립교황 시대'를 초래했다. 그러나 로마 황제에 의해 두 교황 모두 유배됐고, 히폴리투스는 유배지에서 생을 마쳤다.
♠ 로마제국의 디오클레티아누스 황제가 재임 중이던 303년에 순교한 기독교의 성인. 호수에서 인간을 제물로 요구하던 용을 그가 퇴치했다는 전설이 전해진다.

건강, 번영, 장수, 활기찬 노년 등 모든 것이 포함돼요. 마침내는 천국에서 그리스도의 바로 옆 자리에 앉는 것까지 거기에 포함됩니다. 그렇지만 이것은 사실 그들이 마지막 순간에 이르기 전에는 바라지 않는 축복이지요. 다시 말해, 이 세상에서 사는 동안 누려온 쾌락이 그들의 놓기 싫어하는 손아귀를 뿌리치고 떠나서 하늘나라의 쾌락이 다가오도록 길을 내줄 때까지는 그렇다는 겁니다.

상인이나 군인 또는 재판관을 예로 들어보죠. 그들은 이 세상에서 지은 레르나의 늪* 같은 죄를 일거에 정화하기 위해서는 그동안 노략질한 재물 가운데 작은 동전 하나만 포기하면 충분하다고 믿어요. 자기가 저지른 모든 거짓맹세, 탐욕, 방탕, 다툼, 살인, 사기, 배신, 변절 따위는 흥정을 통해 없던 일로 만들 수 있을 것이라고 믿지요. 그리고 나면 새로운 죄악을 저질러도 된다고 믿어요.

날마다 시편의 짧은 구절 일곱 개를 되풀이 암송하기만 하면 최고의 축복이 온다고 스스로 최면을 거는 사람보다 더 어리석거나 행복한 경우가 있을까요? 그 구절들은 어떤 악마가 성 베르나르도♠에게 짚어주었다고 사람들이 믿는 마법의 구절이거든요. 그 악마는 자신의 꾀에 스스로 넘어갔으니 재치가 있다기보다는 경솔하고 가련하다고 할 수 있어요.

이런 일들은 사실 너무나 바보 같은 짓이어서, 그런 것을 생각할

---

* 그리스 신화에서 괴물 뱀인 히드라가 서식하는 늪이다. 헤라클레스가 히드라를 박멸한다.
♠ 11세기에 프랑스에서 활동한 수도사이자 학자. 흔히 '꿀 흐르는 박사'로 불린다.

때면 내가 다 부끄러워질 지경이에요. 그런데도 그런 짓을 하는 이들에게 동조하는 사람들이 많아요. 무지한 대중뿐만 아니라 신앙을 갖고 있다고 자처하는 사람들도 그래요.

지역마다 고유한 성인이 있다고 주장하는 경우도 마찬가지예요. 지역마다 고유한 성인이 특별한 권능을 갖고 있다고 인정하고 지역별로 독특한 의식을 통해 그 성인을 숭배하지요. 어떤 성인은 치통에서 해방시켜주고, 다른 성인은 아기를 낳는 여자를 지켜주고, 이 성인은 잃어버린 물건을 되찾아주고, 저 성인은 난파선의 구원자로 나타나고, 또 다른 성인은 가축떼를 보호해준다고 해요. 이 밖에도 무수히 많은 성인이 있어요. 그들을 모두 열거하려면 끝이 없을 거예요. 여러 가지 일에 힘을 발휘한다고 사람들이 믿는 성인도 있어요. 특히 동정녀 성모 마리아가 그래요. 그래서 무지한 사람들은 아들 예수보다 성모 마리아에게 더 많은 영광을 돌려요.

그러나 어리석음에 속하는 것을 제외하고 그런 성인들로부터 무엇을 얻을 수 있겠어요? 어떤 교회에서든 담장을 가리는 것만으로는 부족해 지붕까지 가득 찬 봉헌기도문 가운데 어리석음에서 벗어나게 해달라거나 털끝만큼이라도 더 지혜로워지게 해달라고 간청하는 것을 본 적이 있나요?

어떤 사람은 물에 빠졌다가 무사히 헤엄쳐 살아 나왔고, 어떤 사람은 적군의 함정에 빠졌다가 간신히 목숨을 건졌지요. 똑같이 운 좋은 다른 사람은 전투에서 전우만 계속 싸우도록 내버려두고 도망쳤어요. 또 다른 친구는 도둑을 도와주는 성인 덕분에 교수형을 모면하고 살아 돌아와서는 곧바로 다른 사람들이 짊어지고 있는 재산의 짐을 덜어주러 갔어요. 어떤 사람은 감옥에서 탈출했고, 어떤 사람은 열병에서 저절로 회복되어 의사를 화나게 했어요. 또 다른 사람은 독약을 먹었는데 그것이 도리어 해독제가 되어 그를 죽게 하기는커녕 오히려 건강하게 해주었어요. 그렇지만 그가 그렇게 되어 그의 아내는 노력과 돈을 낭비한 꼴이 됐어요. 때문에 그녀는 그다지 기쁘지 않답니다. 어떤 사람은 타고 가던 마차가 뒤집어졌는데도 다치지 않고 말을 몰고 귀가했고, 또 어떤 사람은 집이 무너졌는데도 용케 빠져나와 살아났어요. 어떤 여자는 바람을 피우다가 남편에게 들켰는데 도망쳤어요.

그런 사람들 가운데 아무도 어리석음으로부터 벗어났다고 해서 고마워하지 않아요. 현명하지 않다는 것은 정말로 즐거운 일이에요. 그러니 인간이 다른 모든 것에서 구제받기 위해 기도를 드리지만 바보 여신으로부터 벗어나려고는 하지 않아요. 그런데 내가 왜 이렇게 미신의 바다에 빠져들어 가는지 모르겠네요.

설령 내가 백 개의 혀와 백 개의 입,
쇠와 같은 목소리를 가졌다고 하더라도
모든 종류의 어리석음을 다 셀 수 없고,
어리석음의 모든 이름을 다 열거할 수도 없노라.*

기독교인의 일상생활은 이렇게 온갖 어리석음으로 가득 차 있고,

* 이는 베르길리우스의 《아이네이스》 6권 625~7행을 약간 변형해 인용한 것이다. 《아이네이스》의 원문은 다음과 같다.

    내게 백 개의 혀와 백 개의 입이 있고
    쇠와 같은 목소리가 있다 해도,
    모든 종류의 악행을 다 설명하고
    징벌의 이름을 다 열거할 수는 없을 것이오.

그런 일상생활이 성직자들에 의해 용인되고 고무돼요. 성직자들은 그로 인해 생기는 이익을 결코 모르지 않을 사람들이니까요. 그런데 밉살스런 어떤 현자가 벌떡 일어나서 올바른 이야기를 한마디 한다고 가정해봅시다. 그가 이렇게 말합니다.

"여러분이 살아 있는 동안 선량하다면 죽을 때 나쁘게 되는 일은 없을 겁니다. 여러분은 봉헌으로 내는 돈 외에 악행에 대한 미움과 눈물, 철야, 기도, 단식, 그리고 모든 생활방식의 변화를 통해서만 자신의 죄를 속죄할 수 있습니다. 여러분이 성인의 삶을 본받으면 성인이 여러분을 도와주실 겁니다."

내가 되풀이 말하지만, 현인이 이런 불편한 진실을 불쑥 말하면 그것이 곧바로 마음의 행복을 파괴하고 정신을 혼란에 빠뜨리겠죠?

어리석은 사람 가운데는 이런 사람들도 있어요. 살아 있을 때 장례식에 대해 이런저런 주문사항을 미리 말해두는 사람들 말입니다. 그들은 양초, 검은 상복, 노래하는 사람, 고용할 상여꾼의 수를 자세히 정해 놓습니다. 마치 자기를 찾아오는 조문객의 수를 헤아리는 능력이 죽은 뒤에도 살아있을 것처럼 말입니다. 그리고 매장의식이 화려하게 치러지지 않으면 죽은 뒤에도 부끄러울 것 같은가 봐요. 그들의 집착은 참으로 강해요. 오락과 연회를 주관하는 관직에 새로 선출된 사람이 그런 행사를 준비하는 경우에 버금간다고 할 수 있을 거예요.

이야기를 더 빨리 진행해야 하는데, 한 가지 더 언급하지 않고는 넘

어갈 수가 없네요. 가장 비천한 막일꾼에 불과한 처지에 귀족이라는 공허한 칭호를 특별히 내세우는 사람들에 대해 이야기해야겠어요. 어떤 사람은 그런 칭호의 뿌리를 아이네아스에게서 찾고, 어떤 사람은 브루투스, 또 어떤 사람은 아르크투로스*로 그 뿌리가 거슬러 올라간다고 떠벌린답니다.

그들은 조상의 조각상과 초상화를 곳곳에 펼쳐놓고는 이 분이 할아버지의 할아버지, 저 분이 할아버지의 할아버지의 할아버지라고 자랑하면서 조상의 오래된 별명까지 늘어놓아요. 하지만 그들 자신의 처지는 말이 없는 조각상과 다름없거나 그들이 증거라며 내보인 그림보다 더 열악합니다. 그러나 그들은 달콤한 자기사랑 덕분에 행복한 인생을 살아갑니다. 사실 그들과 같은 바보는 도처에 널려 있습니다. 이런 짐승 같은 사람들을 마치 신이라도 되는 것처럼 우러러보는 사람도 적잖이 있답니다.

그렇지만 나는 자기사랑에 의해 놀랍도록 행복해진 수많은 사람을 일일이 예로 들어가며 설명할 필요를 느끼지 않습니다. 그래도 굳이 예를 들자면, 어떤 사람은 원숭이보다 추하게 생겼으면서도 스스로는 자기가 니레우스에게 필적한다고 생각합니다. 또 어떤 사람은 컴퍼스로 단지 세 개의 원만 그려본 주제에 자기가 에우클레

---

* 이카리오스라고 불리기도 한다. 디오니소스 신을 환대해준 대가로 그로부터 포도 재배법과 포도주 제조법을 배우게 된다. 그러나 포도주를 처음으로 마셔보고 독으로 오해한 마을 사람들에 의해 타살되어 목동 별자리가 된다.

이데스♠라고 상상합니다.

'리라를 타는 당나귀'는 암탉을 물어뜯는 수탉만큼이나 나쁜 목소리를 갖고 있으면서도 스스로 제2의 헤르모게네스♣가 됐다고 믿습니다. 이런 착각 가운데서 가장 우스꽝스러운 것은 자기 집안의 누군가가 갖고 있는 모종의 재능을 마치 자신의 것인 양 떠벌이는 짓입니다. 이런 짓을 하는 사람도 꽤 많습니다. 세네카가 말한 어떤 부자는 이중으로 행복한 사람입니다. 그는 어떤 이야기를 하는 동안에 그 이야기에 나오는 사람들의 이름을 그때그때 자기에게 알려줄 노예를 거느리고 있었습니다. 또 너무 허약해서 간신히 살아가는 처지에 있으면서도 누군가가 주먹싸움을 걸어오면 즉시 받아들이곤 했습니다. 집안에 튼튼하고 힘센 노예가 많이 있었기 때문입니다.

예술작품을 창작하는 사람들에 대해서는 뭐라고 말해야 할까요? 그들은 그들만의 독특한 자기사랑을 갖고 있어요. 자신의 예술적 능력이 의문시될 때 한 발짝이라도 양보하고 능력부족을 인정하느니 차라리 부모의 땅을 물려받기를 포기하려는 예술가를 여러분은 흔히 볼 거에요. 이런 모습은 배우, 가수, 웅변가, 시인 같은 사람들

♠ 기원전 4~3세기에 알렉산드리아에서 활동한 수학자. 기하학의 정리와 증명방법 등을 종합적으로 정리한 불멸의 저서 《기하학 원론》을 남겼다.
♣ 헤르모게네스는 로마의 아우구스투스 황제 시대에 활동한 명가수다. 호라티우스의 《풍자시》 1권에서 그의 이름이 언급된다.

에게 특히 두드러지게 나타나요. 그들은 무지할수록 자기만족과 자부심과 과대망상증이 심하죠. 그들은 언제나 자기와 비슷한 사람들을 만날 수 있어요. 그리고 그들 가운데서 보잘것없는 자일수록 더 많은 찬사를 얻게 되죠.

가장 나쁜 작품이 언제나 가장 많은 사람을 기쁘게 해요. 왜냐하면 내가 앞에서도 말했듯이 대부분의 사람들은 바보 여신의 지배를 받으니까요. 게다가 기량이 모자란 예술가일지언정 오히려 그렇기에 스스로도 더 즐거우면서 더 폭넓은 칭송을 받을진대 왜 군이 참된 수련과정을 거치려고 하겠어요? 그런 수련과정은 우선 그에게 많은 희생을 요구하고, 그를 더욱 피곤하게 만들고 소심하게 만들잖아요. 반면에 그를 좋아하는 사람들은 오히려 더 적어질 거예요.

자연은 모든 사람에게 자기사랑을 심어 놓은 것과 마찬가지로 모든 나라와 모든 도시에도 자기사랑을 심어 놓았어요. 영국인은 무엇보다도 멋진 외모, 음악적 재능, 좋은 음식에 관한 한 독보적인 위치에 있다고 나는 생각해요. 스코틀랜드인은 고귀한 혈통을 지니고 있고, 왕과 혈연관계에 있다는 명예와 함께 논쟁하는 능력에 대한 자부심을 갖고 있어요. 프랑스인은 세련된 품행을 내세우죠. 파리 사람들은 그들의 신학적 통찰력이 다른 나라 사람들의 추종을 불허한다고 특별히 자랑하죠. 이탈리아인은 자신들만이 문화와 언변에 관한 능력을 갖고 있다고 주장하죠. 그러면서 자신들만이 문명화된 민족이라고 자화자찬하면서 행복을 느낍니다. 이런 종류의 행복에

서는 로마 시민들이 첫째가죠. 그들은 여전히 고대 로마의 영광에 대한 꿈에 취해 살고 있어요. 반면에 베네치아 사람들은 귀족을 소중히 여기는 것을 행복으로 친답니다. 그리스인은 모든 학문과 예술을 창조한 민족답게 과거의 뛰어난 영웅들이 누린 영예를 과시하고 있어요. 투르크인과 그 밖의 여러 야만민족은 자신들의 종교를 스스로 찬양하면서 기독교인의 미신행위를 경멸해요.

유대인은 더 재미있는 민족이에요. 여전히 메시아가 도래하기를 고대하면서 모세의 율법을 오늘날까지도 고집스럽게 따르니까요. 에스파냐인은 전쟁의 영광이라면 다른 어느 민족에게도 양보하지 않아요. 그리고 독일인은 큰 키와 마술에 대한 지식을 자랑하고 있고요.

내가 더 자세히 들어가지 않더라도 자기사랑이 사람들에게 얼마나 큰 즐거움을 주는지를 여러분은 알고도 남을 거라고 믿어요. 이는 개인이나 집단이나 다 마찬가지예요. 자기사랑과 자매 사이인 아첨도 거의 비슷한 역할을 합니다. 자기사랑이란 바로 자기 자신을 어루만져주는 거죠. 다른 사람을 어루만져준다면 그것은 아첨이 됩니다.

다른 사람의 비위를 맞춰주는 행위는 오늘날 비난의 대상이 됩니다. 그렇지만 비난의 목소리는 그런 행위 자체보다는 거기에 붙는 낙인에 더 관심을 갖는 사람들에게서나 나오는 거예요. 그들은 아첨은 정직과 양립할 수 없다고 생각해요. 그렇지만 야생동물의 예를 보면 그들의 생각이 완전히 잘못됐음을 알 수 있어요.

개만큼 남의 비위를 잘 맞춰주고 충성심을 보여주는 동물이 있나요? 다람쥐만큼 아양을 잘 떠는 동물이 있습니까? 게다가 이런 동물보다 사람에게 더 좋은 친구를 어디서 찾을 수 있겠어요? 설마 야만적인 사자, 사나운 호랑이, 위험한 표범이 인간의 삶에 더 기여한다고 생각하지는 않겠죠? 물론 아첨 가운데는 백해무익한 것도 있어요. 그런 아첨은 수많은 배신자과 협잡꾼이 불운한 사람을 파멸시키기는 수단으로 악용하지요.

그렇지만 내가 하는 아첨은 호의와 순수한 마음에서 나오는 거예요. 그리고 아첨과 정반대되는 신랄함이나 호라티우스가 거칠고 거북하다고 표현한 까다로움보다는 아첨이 덕에 훨씬 더 가까워요. 나의 아첨은 실의에 빠진 영혼을 다시 일으켜 세우고 슬퍼하는 사람을 달래줘요. 지친 사람에게 힘을 주고, 멍청해진 사람에게 자극을 줍니다. 병자의 증세를 완화시켜주고, 광포한 마음을 부드럽게 해줘요. 사랑하는 사람들을 결합시켜 주고, 그 사랑을 오래도록 지켜준답니다. 어린이를 공부하도록 이끌어주고, 노인을 행복하게 해주며, 군주에게는 칭찬의 형태를 빌려 충고와 조언을 전합니다. 그러니 군주의 심기를 건드리는 일이 없어요. 요컨대 아첨이라는 것은 모든 사람이 자기 자신에게 더 유쾌하고 우호적이 되도록 이끌어주죠. 이것이 바로 행복의 으뜸가는 요소입니다.

서로 가려운 데를 긁어주는 당나귀보다 더 친밀한 경우가 있나요? 웅변에서 박수갈채를 유도하는 데도 아첨이 큰 역할을 해요. 의술에서는 더 큰 몫을 차지하고, 시를 창작하는 데서는 가장 큰 몫을

하죠. 그렇지만 이런 효과에 대해서는 더 이상 말하지 않겠어요. 다만 한마디만 더 말한다면, 아첨은 모든 인간관계를 부드럽게 해주는 꿀이요 향료입니다.

속는 것은 불행한 일이라고 사람들은 말합니다. 그런 그렇지 않습니다. 속지 않는 것이 가장 불행한 일입니다. 인간의 행복이 객관적 사실에서 비롯된다고 생각한다면 그것은 크게 잘못 생각하는 겁니다. 행복은 의견에 달려 있어요.[*]

왜냐하면 인간사는 너무나 다양하고 애매해서 아무것도 확실하게 알 수 없기 때문이에요. 이런 이치에 대해서는 철학자 가운데 교만과는 가장 멀리 떨어져 있는 나의 아카데미파♠ 철학자들이 올바르게 이야기한 적이 있습니다. 반면에 어떤 사실을 알게 될 경우에 그것이 인간의 즐거움을 방해하는 일이 드물지 않습니다. 끝으로 덧붙이자면, 사람의 마음은 진실보다는 꾸며진 것에 더 솔깃하기 마련이에요.

이에 대한 분명한 증거를 원하신다면 교회에 가서 설교를 들어보

---

* 17세기 프랑스의 사상가 미셸 몽테뉴도 《수상록》에서 "행복과 불행은 우리의 견해에 의해 좌우된다"고 에라스무스와 비슷한 생각을 피력했다. 몽테뉴는 특히 "자기 자신이 행복하다고 생각하는 사람이 진정으로 행복한 사람"이라고 강조했다.

♠ 헬레니즘 시대로 불리는 기원전 3~2세기의 그리스에서 카르네아데스와 아르케실라오스 등을 중심으로 형성된 회의주의 철학자들을 가리키는 듯하다. 로마시대의 웅변가이자 철학자인 마르쿠스 키케로는 헬레니즘 시대의 주요 철학분파인 스토아파, 에피쿠로스파, 아카데미아파 사이의 논쟁을 정리해 《최고선악론》을 펴냈다.

세요. 그 자리에서 어떤 진지한 이야기가 나오면 청중이 모두 졸거나 하품을 하거나 역겨움을 느낍니다. 그러나 거기서 고함치는 사람(아, 실수했군요. 설교자라고 말하려고 했었는데)*이 평소에 하던 대로 어떤 늙은 부인에 관한 이야기를 하기 시작하면 모두가 잠에서 깨어나 똑바로 앉아서 경청합니다. 입까지 벌려가면서요. 또한 예를 들어 성 게오르기우스나 성 크리스토포루스, 또는 성녀 바르바라 등의 경우처럼 전설적으로, 그리고 시적으로 묘사되는 성인들이 베드로나 바울보다, 심지어는 예수 그리스도보다도 더 경건한 경배를 받습니다. 그런데 이것은 지금 할 이야기는 아니군요.

그러니 앞에서 내가 말한 그런 행복을 얻는 데는 특별히 힘들 일이 없겠지요? 반면에 사실 자체에 접근하는 데는 상당한 노력이 필요합니다. 문법처럼 전혀 중요하지 않은 사안이라도 마찬가지예요. 그러나 의견은 매우 쉽게 만들어집니다. 그리고 의견은 사실을 아는 것 못지않게 우리를 행복으로 안내하거나 이끌어줍니다. 어떤 사람이 썩은 생선을 먹는다고 가정해 봅시다. 다른 사람들은 악취 때문에 도저히 가까이 갈 수도 없지만, 그는 그것을 마치 신의 음식인 암브로시아인 것처럼 먹습니다. 이런 것이 행복을 주는 것 아닌가요? 반대로 어떤 사람이 진귀한 생선을 보고도 구토증을 일으킨다면 그것이 어찌 행복을 줄 수 있겠어요. 아무리 못생긴 아내라도

---

* 이는 고함치는 사람(declamator)과 설교자(clamator)의 라틴어 철자와 발음이 비슷한 점을 이용해 일종의 말장난을 한 것이다.

남편이 보기에 아프로디테 여신에 버금간다고 생각된다면 그때 그녀는 정말로 예뻐지는 것 아닐까요?

주홍색과 노란색으로 덕지덕지 칠한 그림을 갖고 있는 사람이 그것을 감탄하면서 바라본다고 합시다. 그 그림이 아펠레스*나 제욱시스♠의 작품이라고 믿는다면 그는 행복한 사람입니다. 유명한 화가의 그림을 비싸게 샀지만 감상하는 즐거움을 별로 느낄 줄 모르는 사람에 비해서는 분명히 그가 더 행복하지 않을까요? 나는 신부에게 모조품 보석으로 만들어진 선물을 준 어떤 사람을 알고 있어요. 그는 이름이 나와 같은데, 재미있는 말도 잘 하는 사람입니다. 그는 아내로 하여금 그 보석이 진짜 원석으로 만들어졌을 뿐만 아니라 독특하고 엄청나게 비싼 것이라고 믿게 했습니다.

여러분에게 물어볼게요. 젊은 여성이 화려한 유리세공품을 보고 눈과 마음이 즐거워지고 그 보잘것없는 것을 진짜 보석처럼 고이 간직하는 것이 흉이 될 수는 없겠지요? 그녀의 남편으로서도 비용을 절약하면서 아내의 환상을 만족시켜 그녀의 마음을 자기에게 묶어 놓은 셈이죠. 거금을 들여 비싼 선물을 주는 것 못지않은 효과를 낸 것입니다.

---

* 기원전 4세기에 이름을 떨친 그리스의 화가. 알렉산드로스가 마케도니아를 통치할 때 궁정화가로 활동했다.
♠ 기원전 5세기에 활약한 그리스의 화가. 아펠레스와 마찬가지로 그의 경우에도 작품은 지금까지 남아 있는 것이 없고 기록으로만 전해진다.

플라톤의 동굴♣ 속에 있는 사람들은 오로지 여러 가지 물체의 그림자와 영상만 보고 놀랄 뿐입니다. 그런데 그들이 아무것도 바라지 않고 그저 그런 상태에 만족한다고 가정합시다. 동굴 밖으로 나와 실제의 사물을 보는 현인과 동굴 속의 그 사람들 사이에 어떤 차이가 있다고 여러분은 생각하세요? 루키아노스의 대화집에 나오는 미킬로스†가 부를 영원히 소유하는 황금빛 꿈을 계속 꾸도록 허락받았다면 그는 결코 다른 행복을 갈망하지 않았을 거예요.

그러므로 그 두 가지 경우는 아무런 차이도 없습니다. 굳이 있다고 한다면, 어리석은 사람이 더 행복합니다. 우선 바보의 행복은 특별히 힘들이지 않아도 얻어집니다. 오직 마음가짐에 달려 있어요. 둘째로 바보의 행복은 많은 사람과 함께 나눌 수도 있는 것이죠.

사실 어떤 행복도 다른 사람과 함께 나누지 않으면 즐겁지 않아요. 이 세상에 현인은 설령 있다고 해도 정말로 극소수에 불과하다는 것을 여러분은 아세요? 그리스인의 시대 전체를 헤아려 봐도 기껏해야 일곱 명의 현인이 있었을 뿐이에요. 게다가 좀더 자세히 들여다보면, 맹세코 말하건대 그들 가운데서 반쪽 현인, 아니 3분의 1쪽 현인도 찾아내지 못할 거예요.

바쿠스 신에 대한 온갖 친시 기운데 첫째는 우리의 마음을 근심으로부터 해방시켜준다는 것이죠. 그렇지만 그 효과가 지속되는 시

♣ 플라톤의 《국가》 7권에 나오는 비유다. 동굴 속은 가시적인 현상의 세계를 상징하고, 동굴 밖은 지식에 의해서만 알 수 있는 세계를 상징한다.
† 루키아노스의 작품 《수탉》에서 첫머리에 등장하는 인물이다.

간은 짧아요. 흔히 하는 말로, 술에 취한 상태에서 깨어나자마자 근심은 선명하게 되살아나니까요.

그러니 내가 주는 혜택이 훨씬 더 넉넉하고 효과적인 것 아닌가요? 나는 인간의 마음에 즐거움과 기쁨, 그리고 확신을 선사해요. 그 덕분에 인간은 일종의 영원한 도취상태에 빠지게 되죠. 그렇지만 이런 것을 위해 특별한 노력을 해야 할 필요는 없어요. 나 말고 다른 신들의 은혜는 불공평하게 주어지지만 나는 한 사람도 빠짐없이 모든 사람에게 나의 은혜를 골고루 나눠줘요.

양질의 달콤한 포도주는 근심을 몰아내고 부푼 희망을 계속 품게 해주지만 모든 지역에서 생산되지는 않아요. 아프로디테 여신의 선물인 사랑스런 얼굴을 가진 사람은 드물어요. 헤르메스 신이 주는 언변의 능력을 가진 사람은 더욱 드물죠. 헤라클레스 덕분에 부를 얻은 사람은 많지 않아요. 호메로스의 작품에 나오는 제우스 신이 모든 사람에게 통치권을 부여하지는 않고요. 아레스 신*도 때로는 전투에서 끝까지 중립을 지키죠. 아폴론 신의 삼각대♠에서 신탁을 듣고는 우울한 마음으로 돌아가는 사람도 무수히 많아요. 사투르누스도 간혹 번개를 치고, 포이부스는 그의 화살로 역병을 뿌린 적 있어요.♣ 바다에서 포세이돈†이 구해주는 생명보다 그가 희생시키는

---
* 전쟁의 신.

♠ 아폴론 신전에서 신탁을 전하는 무녀들이 앉는 삼각대를 말한다.

♣ 포이부스는 아폴론 신의 다른 이름이다. 호메로스의 《일리아스》 1권을 보면, 아폴론 신이 그리스군의 진중에 화살을 쏘아 역병을 퍼뜨린다.

† 바다의 신.

사람이 더 많아요.

베요비스를 비롯해 플루토,* 아테, 포이나(징벌), 페브레(열병) 따위에 대해서는 신이라고 부르고 싶지도 않아요. 그들은 차라리 망나니들이라고 봐야죠. 오로지 나 바보 여신만이 모든 사람에게 차별 없이 은혜를 베풀어요.

나는 기도를 기대하지 않아요. 나는 자질구레한 의식을 지키지 않았다고 해서 화를 내거나 속죄를 요구하지도 않아요. 누군가가 다른 모든 신에게 초대장을 보내고 나만 빼돌렸다고 하더라도 나는 하늘과 땅을 뒤흔들지 않아요.♠ 뿐만 아니라 희생제물의 냄새가 가득한 자리에는 들어가지도 않아요. 다른 신들은 이런 면에서는 너무 까다로워서 그들을 숭배하느니 차라리 외면하는 것이 더 유익하고 안전해요. 그런 신들과 똑같은 사람들도 많이 있죠. 그들은 기쁘게 해주기가 너무나 힘들고 쉽게 토라져요. 그래서 그들은 친구로 대하기보다 차라리 아무런 인연도 맺지 않는 것이 더 현명하

---

* 로마 신화에서 베요비스는 복수의 신이고, 플루토는 저승을 지배하는 신이다.
♠ 이 말은 불화의 여신 에리스를 떠올리게 한다. 에리스 여신은 펠레우스와 테티스 여신의 결혼식에 초대받지 못한 것에 앙심을 품고 하객들 속으로 황금사과를 던져 넣는다. 그 사과에는 '가장 아름다운 사람을 위해'라는 말이 새겨져 있고, 이 때문에 그 사과를 놓고 헤라, 아테나, 아프로디테 세 여신이 다투게 된다. 황금사과를 누가 소유해야 하는지에 대한 판정은 트로이의 왕자 파리스가 맡는다. 파리스는 그 사과가 아프로디테 여신의 것이라고 판정한다. 이를 계기로 아프로디테 여신의 후원을 받게 된 파리스는 스파르타에서 왕비 헬레네를 납치하고, 이로 말미암아 트로이 전쟁이 일어난다.

죠.

바보 여신에게는 희생제물을 바치거나 그 흔한 사원 하나 세워주는 사람이 없다고 다들 말해요. 맞아요. 내가 앞에서도 말했듯이, 그런 배은망덕에 대해 나 스스로 놀라기도 해요. 그렇지만 나는 모든 것을 넓은 마음으로 좋게 이해해주려고 해요. 게다가 그런 것은 정말로 내가 원하는 것도 아니에요. 왜 내가 약간의 향이나 밀떡, 혹은 양이나 돼지 같은 희생제물을 필요로 해야 하나요? 전 세계 어디에서나 모든 사람이 나를 숭배하는데 말이에요. 신학자들도 나의 이런 태도를 훌륭하다고 평가해줘요. 아르테미스 여신이 사람의 피로 아첨을 받았다는♣ 이유로 내가 그 여신을 부러워해야 하나요? 이 세상 모든 곳의 모든 사람이 나를 마음에 새겨두고, 일상적인 습관을 통해 나를 실현하고, 생활에 나를 반영시킬 때 나는 가장 진실한 경배를 받는 것이라고 생각해요.

기독교도 사이에서는 이런 방식의 성인 숭배가 흔하지 않아요. 한낮에는 촛불이 필요 없는데도 성모 마리아에게 촛불을 바치는 사람들이 얼마나 많아요? 그러나 성모 마리아의 순결한 삶이나 겸손, 또는 천상의 일에 대한 사랑을 본받으려고 노력하는 사람은 거의 없어요. 사실은 그런 노력이 진실한 것이고, 하늘나라에서 가장 좋

♣ 예를 들어 그리스 연합군은 트로이로 출정하기 위해 아울리스 항에 집결했을 때 아르테미스 신의 요구에 따라 총사령관 아가멤논의 딸인 이피게네이아를 희생제물로 바쳐야 했다. 이 설화는 에우리피데스의 비극 작품 《아울리스의 이피게네이아》의 소재가 됐다.

아하는 방식의 숭배예요. 또한 온 세계가 나의 사원이거늘 내가 따로 나의 사원을 원해야 할 이유가 있나요? 내가 착각하는 것이 아니라면, 이 세계가 가장 아름다운 사원이에요. 인간들이 있는 한 나의 사원에서 봉사할 성직자는 결코 부족하지 않을 거예요. 그리고 나는 돌로 만들어진 조각상이나 알록달록하게 그려진 성화 따위를 요구할 만큼 어리석지 않아요. 그런 조각상은 때로 우리 신들에 대한 인간의 믿음을 방해하지요. 어리석고 완고한 사람들은 하느님보다 우상에 집착하니까요. 그런 조각상도 대용품으로 바뀌곤 하는데, 우리 신들도 그와 같은 꼴을 당할 수 있지 않을까요?

나의 조각상은 이 세상에 살아 있는 사람들의 수만큼 있어요. 인간은 비록 스스로 원한 것은 아니어도 모두 다 나의 살아있는 형상이니까요.

그러니 내가 다른 신들을 부러워할 이유가 전혀 없어요. 다른 신들은 제각기 지구상의 일정한 곳에서 정해진 날에 또박또박 제사를 받긴 해요. 예컨대 아폴론 신은 로도스 섬에서, 아프로디테 여신은 키프로스 섬에서 숭배를 받고, 헤라 여신은 아르고스에서, 미네르바 여신은 아테네에서, 제우스 신은 올림포스에서, 포세이돈 신은 타렌툼에서, 프리아포스 신은 람사코스에서 제사를 받죠. 그렇지만 나에게는 온 세계가 훨씬 더 가치 있는 희생제물을 끊임없이 바치고 있어요.

내가 진실에 비해 너무 과장된 이야기를 하고 있다고 생각한다면

인간들이 살아가는 방식을 잠깐 살펴보세요. 그러면 인간들이 나에게 얼마나 많은 빚을 지고 있고, 나를 얼마나 경배하는지가 분명해질 거예요. 신분이 귀한 사람이나 비천한 사람이나 마찬가지예요. 모든 종류의 삶을 다 살펴볼 필요는 없어요. 그렇게 하는 데는 너무 많은 시간이 걸려요. 그 대신 다른 삶을 판단하는 데 참고가 될 만큼 두드러진 사례를 찾아보겠어요.

일반 대중이나 평민에 대한 이야기는 굳이 할 필요가 없겠지요? 그들은 누가 뭐라고 해도 나의 백성이니까요. 그들에게는 갖가지 어리석음이 차고 넘쳐요. 그리고 날마다 새로운 어리석음이 무수히 생겨나요. 데모크리토스가 천 명이 있다고 해도 그들을 조롱하기에는 부족해요. 그래서 언제나 더 많은 데모크리토스가 필요하게 되죠.

보잘것없는 인간들이 날마다 신에게 얼마나 많은 웃음과 재미를 주는지를 이야기해줘도 여러분은 거의 믿지 못할 거예요. 신들은 오전 중 술에 취하지 않은 시간에는 분쟁을 정리하고 기도를 들어주느라 여념이 없어요. 그런데 일단 넥타르가 돌아가기 시작하면 그런 어려운 문제를 다루는 것을 달가워하지 않아요. 그럴 때면 그들은 하늘나라의 가장자리에 앉아서 몸을 구부리고 인간세상에서 벌어지는 일들을 지켜보지요. 그것보다 더 재미있는 볼거리가 어디에 있겠어요?

불멸의 신이여! 참으로 인간세상은 온갖 어리석음이 뒤범벅된 근사한 극장 아닌가요? 나도 가끔 시인의 작품에 나오는 신들 사이에 함께 앉아 내려다보곤 해요.

　여기 한 젊은 여성에게 마음을 빼앗긴 사람이 하나 있군요. 그 여성에게 그가 절망적으로 빠져들수록 그에게 돌아오는 사랑은 작아져요. 또 다른 사람은 아내가 될 여자와 결혼하는 게 아니라 지참금과 결혼하네요. 어떤 남자는 아내로 하여금 몸을 팔게 하고, 반대로 어떤 남자는 아내를 아르고스처럼 질투의 눈으로 감시하네요. 상을 당했을 때, 오 맙소사, 얼마나 바보 같은 말을 하고 바보 같은 짓을 저지르는 건가요? 슬퍼하는 모습을 보여주는 사람들은 돈을 받고 고용되어 배우처럼 대신 울어주는 사람뿐이네요. 또 어떤 사람은 계모의 무덤 앞에서 눈물을 억지로 쥐어짜고 있네요. 어떤 사람은 긁어모을 수 있는 것은 모두 긁어모아 뱃속을 채웁니다. 그러나 곧 다시 배가 고파지죠. 또 다른 사람은 오로지 게으름과 잠에서 행복을 찾습니다. 그런가 하면 자기 일은 소홀히 하면서 다른 사람의 일로 야단법석을 떠는 사람들이 있습니다. 어떤 사람은 곧 망할지언정 일단 여기저기서 잔뜩 돈을 빌려 쓰면서도 자기가 부자라고 생각합니다. 또 다른 사람은 상속할 재산을 불리는 것만을 행복으로 생각하기에 그저 가난뱅이처럼 살아갑니다.

　어떤 사람은 빈약하고 불확실한 이익을 좇아 바다를 여기저기 누비고 다닙니다. 아무리 많은 돈이 있어도 살 수 없는 소중한 생명을 바람과 파도에 내맡기면서 말입니다. 다른 사람은 집에서 느긋하게 지내기보다는 전쟁터를 찾아다니며 한몫 챙기려고 합니다. 어떤 사람은 자식 없는 노인과 가까이 지내면 쉽게 부를 얻을 수 있다는 환

바보 여신의 바보 예찬

상을 갖고 있습니다. 똑같은 목적으로 부유하고 늙은 여자의 환심을 사려고 하는 사람도 부지기수입니다. 이런 사람들은 모두 신들에게 특별한 구경거리를 제공합니다. 그들은 속여먹으려던 바로 그 사람의 꾀에 걸려드니까요.

가장 어리석고 비열한 사람들은 장사꾼이에요. 그들은 가장 비열한 방식으로 가장 비열한 종류의 일을 하니까요. 그들의 거짓말, 위증, 도둑질, 그리고 사기와 기만은 세상 어느 곳에나 있는 일이에요. 하지만 그들은 단지 자기 손가락에 금반지가 끼워져 있다는 이유로 다른 모든 사람보다 자기가 수완이 좋다고 스스로 평가해요. 그들을 칭송하는 노래를 부르거나 존엄한 사람이라고 노골적으로 말하는 젊은 아첨꾼 수도승도 널렸어요. 그들이 바라는 것은 뻔해요. 상인들이 부정직하게 취득한 이득에서 조금이라도 우려내는 거죠.

다른 곳에 가면 피타고라스를 흉내 내는 사람들도 볼 수 있어요. 그들은 모든 재산은 공유물이라고 믿어요.* 그들은 주인이 없는 물건이라고 생각되는 것을 보면 마치 자기가 상속받은 물건인 것처럼 그것을 가져가요. 그러면서 눈도 꿈쩍하지 않아요. 또 어떤 사람은 부자가 되겠다는 소원만 갖고 있어도 부자가 될 줄 알고 유쾌한 꿈을 꾸죠. 그렇게 하는 것만으로도 행복을 위해 충분하다고 믿어요. 집 밖에서는 부유하다는 평판을 듣지만 집 안에서는 굶고 사는 사

---

* 피타고라스는 제자들과 함께 철학과 수학을 연구하는 공동체를 만들었는데, 그 공동체에서는 재산공유제가 시행됐다.

람들도 많아요. 어떤 사람은 자기가 갖고 있는 돈을 서둘러 펑펑 써 버려요. 또 다른 사람은 옳고 그름을 가리지 않고 온갖 수단을 다 써서 돈을 긁어모으죠. 어떤 이는 공직을 얻기 위해 여기저기에 청탁을 하고, 또 어떤 이는 그저 집안의 화롯가에서 편안히 앉아 있는 것을 즐거움으로 여겨요. 끝없는 소송을 벌이면서 세월을 보내는 사람도 많아요. 그들은 소송에서 이기려고 애쓰지만 재판을 질질 끄는 재판관이나 그와 공모한 변호사의 주머니만 채워줄 뿐이지요. 어떤 사람은 일을 새로 꾸미는 데 열을 올리고, 어떤 사람은 무슨 웅대한 계획을 실현하기 위해 애씁니다. 또 다른 사람은 아내와 아이들을 집에 내버려두고 예루살렘이나 로마, 또는 성 야곱의 사원으로 갑니다. 그렇지만 그곳은 그가 갈 일이 없는 곳이죠.

메니포스♠가 예전에 그랬듯이 여러분도 달에 올라가서 지구의 인간군상을 내려다보면 참으로 가관일 거예요. 서로 말다툼하고, 싸우고, 음모를 꾸미고, 훔치고, 장난하고, 뜀박질하고…. 태어나서 얼마 지나지 않아 스러지고 죽어가는 파리나 각다귀의 무리를 보고 있다고 생각하게 될 거예요. 그런 미물처럼 머지않아 죽어 없어질 처지인데도 불구하고 어찌하여 그토록 많은 소동과 비극을 일으키는지 알 수 없어요. 어떤 때는 전쟁, 어떤 때는 전염병이 일어나 수천 명의 사람이 순식간에 스러져가니까요.

♠ 루키아노스가 쓴 대화집 《달로 가는 여행》의 주인공으로 하늘에 올라가서 신과 인간의 행동을 내려다보며 비평한다.

그러나 내가 모든 종류의 어리석음과 광기를 죄다 나열한다면 바보 중의 바보가 될 것이고, 데모크리토스가 실컷 비웃어도 할 말이 없을 겁니다. 그러니 이번에는 인간들 사이에서 겉으로 현인 티를 내면서 이른바 황금가지*를 찾으려고 안간힘을 쓰는 사람들을 살펴보겠어요.

그런 사람들로 가장 먼저 꼽히는 사람들은 문법학자예요. 그들은 내가 달콤한 광기로 직업적인 고통을 덜어주지 않으면 가장 비참하고 불행할 뿐만 아니라 신으로부터도 버림받는 처지가 될 겁니다. 왜냐하면 그들은 우선 다섯 가지 '저주', 즉 그리스어 문법에서 언급되는 다섯 가지 '모욕'♠에 노출돼 있기 때문이에요. 아니, 그 저주는 대략 육백 가지쯤 될 거예요. 그들은 언제나 학교에서 아이들 틈바구니에서 굶주리고 더러운 생활을 해야 합니다. 내가 방금 학교라고 했지만, 사실은 그들에게 '슬픔의 집'이거나 아니면 노예선 또는 고문실과 다름없습니다. 그들은 학생들에게 둘러싸여 땀을 흘리는 가운데 늙어가고 학생들이 떠드는 소리 때문에 귀를 먹게

---

* 베르길리우스의 서사시 《아이네이스》 6권을 보면 주인공 아이네아스가 예언녀 시빌라의 안내를 받아 저승세계를 방문하러 가던 중 '황금가지'를 만나게 된다. 황금가지는 숲 속에 숨어 있다. 이 가지에서 황금잎과 황금열매를 따야만 저승세계로 내려가는 것이 허용된다. 결국 황금가지란 무언가 감춰진 진리나 지식, 또는 그것을 찾아내기 위한 실마리나 길목을 의미하는 것으로 생각된다.

♠ 4~5세기에 알렉산드리아에서 그리스어로 글을 쓰던 어느 작가가 풍자시를 통해 그리스어 문법의 다섯 가지 저주를 호메로스가 쓴 《일리아스》의 처음 다섯 줄에 나오는 단어를 이용해 노여움, 고통, 지옥의 넋, 굶주림, 제우스의 분노로 요약했다.

됩니다. 또 악취와 오물 속에 지쳐갑니다. 그래도 내 덕분에 그들은 자신을 인간 가운데 최고의 존재로 여깁니다. 그리고 떨고 있는 학생들에게 위협적인 목소리와 표정으로 겁을 주고 가련한 학생들을 몽둥이와 채찍, 가죽끈으로 때려줄 때 심리적 만족감을 즐깁니다. 또한 저 유명한 쿠마이의 당나귀*처럼 기분 내키는 대로 분노를 발산할 때도 마찬가지입니다.

그들이 머물고 있는 곳의 지저분함도 그들 자신에게는 고상한 취미에 부합하는 것으로 간주되고, 악취는 마치 박하향처럼 달콤하게 느껴집니다. 그들의 가련한 노예신세도 도리어 군주라는 착각을 줍니다. 그러므로 그들은 자신의 권위를 팔라리스나 디오니시오스♠의 권세와도 바꾸려고 하지 않습니다. 그들은 자신의 지식에 대한 각별한 자부심이 있기에 더욱더 큰 행복을 느낍니다. 그들은 소년들의 머리에 기상천외한 지식을 채워 넣으면서 자신을 스스로 팔라이몬이나 도나투스♣보다 훌륭하다고 믿는 것 아니겠습니까? 그들이 어리석은 어머니나 무지한 아버지들에게 어떤 속임수를 썼는지는 모르겠지만, 그들 자신에 대한 스스로의 평가를 학부모들도 그

---

* 쿠마이의 당나귀는 《에라스무스 격언집》에 나오는 표현이다. 이것은 사자의 가죽을 걸치고 허세를 부리는 당나귀를 가리킨다.
♠ 디오니시오스는 기원전 4세기에 시칠리아 섬에 있었던 도시국가 시라쿠사의 참주다. 디오니시우스 1세와 2세 둘 다 참주였다. 아테네의 철학자 플라톤은 이들 두 참주의 요청에 따라 시라쿠사를 방문해 선정을 베풀라고 권고했지만 뜻을 이루지 못했다. 플라톤이 남긴 편지들에 그 당시의 과정과 그의 심경이 언급돼있다.
♣ 둘 다 로마시대에 살았던 라틴어 문법학자다.

대로 인정합니다. 이보다 더 확실한 즐거움도 있습니다.

그들 가운데 누군가가 썩어가는 책갈피에서 안키세스*의 어머니 이름이나 일반인이 모르는 단어, 이를테면 부세쿠아(소몰이꾼), 보비나토르(트집쟁이), 만티쿨라토르(소매치기) 같은 것을 찾아내거나 비문의 일부가 남아 있는 오래된 돌조각을 어디선가 발견하면, 오 제우스 신이여, 얼마나 큰 승리의 환희를 느끼고 찬사를 듣게 될까요! 마치 아프리카를 정복했거나 바빌론을 점령하기라도 한 것 같을 거예요. 때때로 그들이 자기가 쓴 빈약한 문구나 자기가 기울인 노력을 과시할 때면 칭찬을 해주는 사람들이 없지는 않아요. 그럴 때면 그들은 베르길리우스의 시심이 자신을 통해 재현되었다고 믿지요.

무엇보다도 가장 볼 만한 일은 그들끼리 서로 찬사와 감사를 주고받는 것입니다. 말하자면 서로 등을 긁어주는 거죠. 그러나 만약 누군가가 한마디라도 실수하고 날카로운 시각을 가진 동료가 다행히 그것을 알아차리기라도 한다면, 헤라클레스여! 무슨 일이 벌어질까요. 아마도 곧바로 큰 비극이 일어나지 않을까요? 서로가 욕설과 악담을 퍼부으면서 대판 싸움이 벌어지겠죠? 내가 지금 거짓말을 하는 것이라면 모든 문법학자가 다 나한테 덤벼도 좋아요.

나는 만물박사 한 사람을 알고 있어요. 그는 그리스어와 라틴어 학자요 수학자이며 철학자이고 의사인데다가 그 모든 분야의 최고

---

* 베르길리우스가 쓴 《아이네이스》의 주인공 아이네아스의 아버지. 아프로디테 여신과의 사이에 아이네아스를 낳았다. 트로이가 그리스와의 전쟁에서 패배했을 때 아들 아이네아스에게 업혀 함께 탈출했으나 바다에서 유랑하던 도중에 죽었다.

권위자예요. 그는 이미 60대에 들어선 사람입니다. 그는 다른 모든 것을 팽개치고 20년 동안 문법을 연구하는 데 뼈를 깎는 노고를 기울여왔어요. 그는 하나의 연설을 여덟 개의 단락으로 정확하게 구분하는 방법을 정의할 수 있을 만큼 자기가 오래 살 수 있다면 더 없이 행복할 것이라고 상상하곤 해요. 그런데 그것은 그리스어나 라틴어의 작가 가운데 그 누구도 확실하게 성공한 적이 없는 거예요. 만약에 누군가가 접속사를 그저 부사의 기능이나 하는 단어 하나 정도로만 취급한다면 그것은 그에게 전쟁을 벌여야 할 사안이 되지요.

이 때문에 세상에는 문법학자 만큼이나 많은, 아니 문법학자보다 오히려 더 많은 문법책이 있어요. 내 친구 알두스*도 다섯 권 이상의 문법책을 출판했으니까요. 그 가운데 우리의 문법학자들이 검토하지 않고 넘어가는 것은 하나도 없어요. 설사 그것이 다소 엉성해 보이고 읽기에 지루하게 쓰여졌다고 해도 마찬가지예요. 이 분야에서 서투른 노력이라도 기울이는 사람은 누구나 질투의 눈길을 피할 수 없어요. 왜냐하면 문법학자들은 다른 누군가가 상을 타서 자기가 기나긴 세월 동안 기울여온 노력이 모두 허사로 돌아가는 것을 몹시도 두려워하기 때문이에요. 이런 것을 광기라고 불러야 하나요? 아니면 어리석음이라고 해야 하나요?

그렇지만 그런 것은 나의 관심사가 아닙니다. 단지 모든 인간 중

---

* 15~16세기에 베네치아에서 활동한 출판업자이자 고전학자. 알디네 출판사를 경영하면서 그리스와 로마의 갖가지 고전과 문법 등 다양한 분야의 서적을 출판했다. 에라스무스도 1508년에 이 출판사를 통해 격언집의 증보판을 출간했다.

에서도 가장 불행했을지도 모르는 사람이 행복의 경지로 인도될 수 있는 것은 결국 내가 베푸는 은혜 덕분임을 여러분이 인정해주기만 하면 돼요. 그렇게 해서 행복해진 사람은 페르시아의 왕과 운명을 바꿀 수 있다고 해도 마다할 거예요.

시인들은 나에게 크게 빚진 것은 없어요. 시인들 역시 나의 동아리 안에 있다고 말은 하지만, 아무래도 그들은 자유분방한 족속이니까요. 격언이 말해주는 것처럼 그들은 순전히 허튼소리와 우스꽝스런 이야기로 어리석은 사람들의 귀를 즐겁게 해주는 데 모든 정력을 다 쏟아요. 놀랍게도 그들은 이렇다 할 가치도 없는 작품을 가지고 신과 같은 불멸을 얻어 보겠다고 스스로 다짐하고, 다른 사람들에게도 그렇게 약속을 한답니다. 자기사랑과 아첨은 그들의 특별한 친구예요. 나에 대해서도 이 세상에서 어떤 종류의 사람도 그들처럼 고지식하고 한결같은 마음으로 숭배하는 태도를 보이지 않아요.

웅변가들도 있네요. 그들 가운데 상당수는 내 뜻을 어기고 철학자들과 어울려요. 그렇지만 그들도 대체로 내 휘하에 있어요. 그들이 쓴 잡다한 것들 가운데는 무엇보다도 농담에 관해 공들여 쓴 논고가 상당히 많아요. 《헤레니우스 수사학》을 쓴 사람이 누구인지는 몰라도♠ 그는 익살의 유형 가운데 하나로 '어리석음'을 꼽았어요.

♠ 《헤레니우스 수사학》은 한때 키케로가 저술한 것으로 알려졌으나 다른 사람의 작품일 것이라는 설이 제기된 뒤로 이것이 정설로 굳어졌다.

오랫동안 웅변가의 1인자로 군림해온 퀸틸리아누스*는 《일리아스》보다 더 긴 장 하나를 '웃음'에 할애했어요. 그들 역시 어리석음에 많은 빚을 지고 있어요. 왜냐하면 논리로 반박할 수 없는 것도 웃음 하나로 받아넘길 수 있으니까요. 의도적으로 웃기는 이야기를 해서 웃음보가 터지게 만드는 것이 바보 여신과 아무런 관계도 없다고 상상하는 사람은 아무도 없겠지요?

책을 써서 불멸의 명성을 얻으려고 하는 사람들도 같은 부류에 속해요. 그들은 모두 내 은혜를 받고 있어요. 특히 책을 순전히 잡담으로 채우려고 하는 사람들은 더욱 그래요.

그런데 알량한 지식을 가지고 학식이 깊은 소수에게서 인정을 받기 위해 책을 쓰는 사람들은 페르시우스나 라일리우스♠에 대한 비판도 마다하지 않아요. 내가 보기에 그들은 행복하기보다 오히려 동정을 받아야 할 것 같군요. 끊임없이 자기를 고문하니까요. 그들은 문장을 더하고, 바꾸고, 빼고, 따로 모아두고, 끄집어내고, 고쳐 쓰고, 보여주고, 9년쯤 간직해둡니다. 그러고도 만족하는 법이 없어요. 그렇게 해서 얻는 보상이래야 보잘것없습니다. 극소수의 사람들로부터 칭찬의 말을 듣는 것이 전부죠. 겨우 그런 것을 얻기 위해

---

* 1세기에 활동한 로마의 교육자이자 작가인 마르쿠스 파비우스 퀸틸리아누스를 가리킨다. 《웅변교수론》 12권을 비롯한 수사학 저서가 남아 있다.
♠ 페르시우스는 1세기에 풍자시를 쓴 시인이자 스토아 철학 신봉자이고, 라일리우스는 기원전 2세기에 활동한 군인이자 정치가다. 라일리우스는 2차 포에니 전쟁 때 카르타고를 점령한 스키피오 장군의 친구로서 키케로의 《노년론》과 《우정론》에 대화자로 등장하기도 한다.

그들은 많은 대가를 치릅니다. 밤늦도록 작업하느라 수많은 나날을 달콤한 잠도 포기하고 수고합니다. 참으로 힘들게 사는 것이죠. 그러니 건강은 나빠지고, 용모는 수척해집니다. 그들은 눈의 건강을 부분적으로 잃거나 아예 시력을 상실하기도 합니다. 가난과 질투심에 시달려야 하고, 인생의 즐거움을 포기해야 합니다. 너무 빨리 노쇠해지고, 때 이르게 죽음을 맞이합니다. 이 밖에도 갖가지 비참한 일들을 겪게 됩니다. 그렇지만 이런 현인들은 눈이 거의 멀어버린 학자 한두 사람만이라도 자기가 쓴 책의 가치를 인정해주기만 하면 모든 것을 보상받게 된다고 믿습니다.

그렇지만 나의 은혜를 받는 저자는 미친 듯이 써내려가면서 훨씬 더 행복하지요. 그는 환상이나 때로는 꿈에서 본 것을 곧바로 펜으로 종이에 옮기는 작업에 들어가기 때문에 잠을 못 자는 일이 결코 없어요. 종이만 조금 소비하면 돼요. 그는 충분히 잘 알고 있어요. 자기가 쓰는 것이 잡다할수록 그것을 감상해주는 독자층이 두터워진다는 것을. 그 독자층이 비록 어리석고 무지한 사람들이라고 해도 상관없어요.

서너 명의 학자가 그의 작품을 읽고 혹평을 한다고 해서 그에게 섭날 것이 있나요? 난지 한줌밖에 안 되는 석학들의 평가가 그렇게 많은 사람들의 찬사 속에서 무슨 반향을 일으킬 수 있겠어요? 다른 사람이 열심히 작품을 써서 얻는 명성을 가로채기 위해 말만 조금 바꿔서 그의 작품을 마치 자기가 쓴 작품인양 출판하는 사람들도 있어요. 사실은 이런 사람들이 더 나은 감각을 보여주기도 해요. 나중에 언젠가 표절 의혹을 산다고 할지라도 일단은 작품을 직접 쓰는 데 소요되는 시간을 벌었으니 이익이라는 생각에 고무되죠.

그들이 공공장소에서 찬사를 받거나 군중이 "저 사람이 그 위대한 사람"이라며 가리키고 환호해줄 때마다 흡족해 하는 모습은 참으로 볼 만한 광경이죠. 또는 표지에 세 단어로 된 그의 이름이 적힌 책이 놓여 있는 서점에 그가 마침 나타날 경우에도 같은 광경이 벌어지죠. 표지에 적힌 이름은 대체로 낯설지만 사람들을 현혹하기 위해 위대한 사람의 이름과 비슷하게 지어진 것이죠. 오, 불멸의 신이여, 그 이름들에는 도대체 무슨 뜻이 들어있는 걸까요? 이 넓은 세상에서 그런 이름에 대해 알 만한 사람이 몇이나 될까요? 그런 이름에 찬사를 보낼 만한 사람은 더더욱 드물 거예요. 무지한 사람들에게도 각자 나름대로 좋아하는 것이 따로 있으니까요. 게다가 그런 이름은 대개 새로 만들어지거나 고대의 작품으로부터 차용된 거예요. 어떤 사람은 자기를 텔레마코스라고 하고, 어떤 사람은 자기를 스텔레노스 또는 라에르테스라고 하지요. 어떤 사람은 폴리크라테스라는 이름을 스스로 붙이고는 기뻐하고, 다른 사람은 트라시마코스라는 이름에 즐거워해요.* 그리고 책에다 '카멜레온' 또는 '호박'이라고 써 넣거나 철학자들이 하듯이 '알파' 또는 '베타'라고

---

* 텔레마코스는 《오디세이아》의 주인공 오디세우스의 아들로, 트로이 전쟁이 끝났는데도 돌아오지 않는 아버지를 찾으러 나선다. 스텔레노스는 트로이를 공격한 그리스 연합군의 지휘관 가운데 한 사람이다. 라에르테스는 오디세우스의 아버지다. 폴리크라테스는 기원전 6세기에 사모스 섬을 통치한 참주다. 트라시마코스는 고대 아테네의 소피스트다.

써 넣어도 아무 문제도 없어요.

그렇지만 가장 꼴사나운 것은 그들이 편지나 산문이나 칭송문을 주고받으면서 서로 찬사를 늘어놓는 모습이에요. 어리석은 자와 어리석은 자가, 무지한 자와 무지한 자가 교대로 찬사를 퍼부어요. 갑은 을을 알카이우스라고 불러주고, 을은 갑을 칼리마코스♠라고 불러주죠. 또는 을이 갑을 키케로보다 훌륭하다고 추어주고, 갑은 을에게 플라톤보다 학식이 더 깊다고 말해주죠. 때로 그들은 반대자를 찾기도 해요. 반대자의 경쟁자라는 명성까지 추가로 얻기 위해서죠. 사정을 잘 모르는 일반 대중은 두 파로 갈라집니다. 그러나 나중에는 양쪽 모두 승리를 주장하고 자축하지요.

현명한 사람들은 이런 모습을 보고 비웃죠. 그것은 최고의 어리석음이니까요. 이 점을 누가 부인하겠어요? 그렇지만 그런 사람들도 역시 나의 은혜를 입어 즐거운 삶을 살아갑니다. 그들은 결코 스키피오와 승리를 교환하지 않습니다. 그런 모습을 보고 비웃으면서 큰 즐거움을 얻고 그들 나름의 광기를 즐기는 식자들 또한 나한테 신세를 많이 지고 있어요. 그들도 이 점을 부인할 수 없을 거예요. 그렇지 않으면 그들은 이 세상에서 가장 배은망덕한 인간이 되고 말 테니까요.

학식 있는 사람들 가운데 첫째 자리는 법률가의 차지입니다. 법

♠ 알카이우스는 기원전 7세기, 칼리마코스는 기원전 3세기에 각각 명성을 날린 그리스의 서정시인이다.

률가들은 스스로 만족하는 법이 없습니다. 그들은 마치 시시포스*가 바위를 힘들여 굴려 올리듯이 문제해결에 도움이 되지도 않는 법률을 육백 개나 늘어놓습니다. 자기들의 직업이 가장 어려운 일인 것처럼 보이게 하려고 주석 위에 주석을 쌓아올리고 의견 위에 의견을 쌓아올리기도 하죠. 그들은 힘든 일은 모두 특별한 가치를 지닌다고 평가합니다.

소피스트와 변증론자들도 합쳐 놓고 봅시다. 그들도 도도네의 청동단지♠보다 더 시끄럽게 떠드는 사람들이니까요. 그들의 수다스러움은 스무 명의 선발된 여자들이 맞섰다가 울고 갈 정도예요. 그러나 이런 사람들도 수다스럽기만 하고 싸움을 하지 않는다면 행복할 거예요. 하지만 그들은 양털처럼 작은 일을 놓고도 칼싸움하기를 마다하지 않아요. 그렇게 다투는 사이에 그들은 진실을 놓치고 말지요.

그렇지만 자기사랑이 그들을 행복하게 만들어줘요. 삼단논법만

---

* 코린토스를 건설한 왕으로 그리스 신화에 나오는 인물이다. 그는 갖가지 꾀를 부려 신까지 속였고, 이 때문에 죽은 뒤에 저승세계에서 큰 돌을 산의 정상까지 밀어 올리는 일을 영원히 계속해야 하는 벌을 받았다. 그가 산 위로 밀어 올린 돌은 언제나 다시 산 밑으로 굴러 떨어졌다. 이런 시시포스의 설화는 오늘날 무익하고 효과 없는 일을 되풀이하는 경우를 가리키는 비유로 널리 사용된다. 20세기 프랑스의 작가 알베르 카뮈는 이 설화를 바탕으로 소설 《시시포스의 신화》를 썼다.

♠ 그리스의 도도네 지역에 있는 떡갈나무 가지에 청동단지가 매달려 있는데 바람이 불 때마다 거기서 요란한 소리가 났다고 한다. 당시 그리스 사람들은 그 소리가 제우스 신의 신탁이라고 믿었다. 호메로스의 《오디세이아》 14권에서도 오디세우스가 제우스의 조언을 듣기 위해 도도네로 간다는 이야기가 나온다.

있으면 그들은 어떤 문제에 대해서도 어떤 사람과도 주저하지 않고 자신 있게 맞섭니다. 그들이 워낙 완강하게 버티기 때문에 여러분이 스텐토르*를 내세워 맞선다 해도 그들을 당해내지 못할 겁니다.

법률가들의 다음 자리는 턱수염을 기른 모습에 외투까지 입고 지내면서 사람들로부터 존경을 받고 싶어 하는 철학자들이 차지합니다. 그들은 자신들만이 지혜를 갖고 있으며 다른 모든 인간은 단지 떠도는 그림자에 불과하다고 주장합니다. 그들은 헤아릴 수 없이 많은 우주를 건설하고 엄지손가락과 줄을 이용해 태양과 달, 별과 우주궤도를 측정합니다. 그렇게 해서 번개와 바람, 일식과 월식, 그리고 그 밖의 설명하기 어려운 많은 현상의 이유를 만들어냅니다. 그들은 마치 자연이 우주를 창조한 비밀에 접근했거나 신들의 모임에 갔다가 막 우리에게 돌아온 것처럼 머뭇거리지 않고 설명을 합니다. 그러니 그들은 정말로 달콤한 행복감에 젖어 살게 되죠.

자연은 그들과 그들의 억측을 보고는 크게 웃어요. 그들의 주장 가운데 어느 것도 확실한 근거가 없으니까요. 자기들끼리 모든 사안에 대해 끊임없이 논쟁을 벌이는 모습을 봐도 그것을 알 수 있어요.

그들은 사실 아무것도 아는 게 없어요. 그렇지만 모든 것을 다 안다고 주장해요. 그들은 자기 자신에 대해서도 무지하고, 길가에

---

* 트로이 전쟁에 참전한 그리스 연합군의 전령으로 목소리가 50명의 목소리를 합친 것보다 컸다고 한다. 호메로스의 《일리아스》 5권 785행 참조.

바보 여신의 바보 예찬

있는 도랑이나 돌조차 보지 못 해요. 왜냐하면 그들은 대부분 반소경이거나 마음이 너무 먼 곳을 떠돌기 때문이죠. 그렇지만 그들은 관념, 보편, 형상, 제1원소, 본질성, 개체성 등*을 알 수 있다고 큰소리칩니다. 이런 것들은 모두 실체가 없는 것이어서 린케우스도 알 수 없을 거라고 나는 생각해요. 그들은 또 삼각형, 사각형, 원 등 기하학적 도형을 미로처럼 뒤섞어 놓거나 문자를 전투대형으로 정렬했다가는 곧 뒤흔들어놓거나 해서 무식한 사람들의 눈에 더 짙은 어둠을 씌우곤 해요. 그럴 때마다 그들은 일반 대중을 얼마나 무시하나요. 그들 가운데 일부는 별점을 쳐서 앞날에 대한 예언도 할 거예요. 더 놀라운 이변을 장담하기도 하죠. 그들은 운도 좋아요. 자기들의 말을 그대로 믿어주는 사람들을 반드시 만나게 되니까요.

그 다음에는 신학자들이 있군요. 거만하고 까다로운 부류죠. 나로서는 카바리나의 늪을 파헤치거나♠ 독성이 있는 식물에 손을 대지 않는다는 태도로 조용히 넘어가는 것이 나을 것 같기도 하네요.

무수히 많은 결론으로 완전무장한 그들은 내가 무슨 말을 하면 그 말을 취소하라고 강요할 테니까요. 만약에 내가 거부하면 그들

---

* 모두 중세 스콜라 철학에서 자주 사용된 용어다.
♠ 카바리나의 늪은 시칠리아 섬 남부에 있는 늪으로 독기가 많았다고 한다. 이 늪을 파헤치지 말아야 한다는 말은 강바닥을 함부로 준설하지 말아야 한다는 말과 비슷한 이치를 담고 있다고 할 수 있겠다.

은 나를 즉시 이단자라고 매도할 거예요. 그런 매도는 그들이 싫어하는 모든 사람에게 퍼붓는 번개예요.

내가 자기들에게 도움이 된다는 것을 인정하기를 그들만큼 싫어하는 사람들도 별로 없어요. 그렇지만 그들은 여러 가지 중요한 점에서 나에게 빚지고 있어요. 그들은 자기사랑으로 말미암아 행복하기 때문이죠. 그들은 자애심이 있기에 일종의 세 번째 하늘♣에서 살고 있어요. 그들은 그 높은 곳에서 일종의 동정심을 갖고 이 세상의 나머지 인류를 내려다봐요. 마치 지구의 표면을 기어 다니는 동물을 바라보듯이 말이죠.

그들은 학자들이 내린 정의, 결론, 추론, 명시적이거나 함축적인 명제 등을 우군 삼아 막강한 요새를 지어요. 그들은 헤파이스토스 신의 그물†로도 가로막을 수 없는 많은 도피처를 갖고 있음을 자랑해요. 그래도 그들은 자신들이 그린 식별표지로 어떤 매듭도 쉽게

♣ 서양에서는 고대부터 하늘을 7개 또는 10개로 나누는 관습이 있었다. 기독교가 생긴 뒤로는 하늘을 10개로 나누는 것이 일반화됐다. 이를테면 단테가 지은 《신곡》의 '천국' 편에서도 하늘이 10개로 나뉘고, 주인공 단테가 베아트리체의 안내를 받아 그 10개의 하늘을 두루 여행한다. 그 가운데 세 번째 하늘은 금성천으로 불린다. 《신곡》에 나오는 10개의 하늘은 차례로 다음과 같은 이름으로 불린다. 첫 번째 하늘-월광전, 두 번째 하늘-수성천, 세 번째 하늘-금성천, 네 번째 하늘-태양천, 다섯 번째 하늘-화성천, 여섯 번째 하늘-목성천, 일곱 번째 하늘-토성천, 여덟 번째 하늘-항성천, 아홉 번째 하늘-원동천, 열 번째 하늘-지고천.

† 대장간의 신 헤파이스토스는 아내 아프로디테 여신이 군신 아레스와 정을 통하는 것을 알고는 눈에 보이지 않는 그물에 그 둘을 싸서 여러 신들에게 보여줌으로써 그 둘에게 창피를 톡톡히 주었다. 호메로스의 《오디세이아》 8권 참조. 헤파이스토스 신이 만든 그물은 '부술 수도 없고 풀 수도 없는 것'이었다고 한다.

끊어버릴 수 있어요. 테네도스의 양날도끼*도 그보다 더 잘할 수는 없을 거예요. 그들은 새로 만들어진 표현과 낯설게 들리는 단어를 풍부하게 확보하고 있으니까요.

게다가 그들은 감춰진 신비를 자기들에게 어울리게 멋대로 해석해요. 세계가 어떻게 창조되고 꾸며졌는가, 어떤 경로를 통해 죄의 흔적이 후손에게 스며드는가, 그리스도는 처녀의 자궁에서 어떤 방법으로 어느 정도의 크기로 형성됐으며 그 기간은 얼마나 되는가, 성체성사에서 우유성(偶有性)은 어떻게 실체 없이 존속할 수 있는가 등을 묻고 답하지요. 그렇지만 이런 종류의 질문은 진부한 편이에요.

소위 위대하고 개명된 신학자들(그들 스스로 자신들을 이렇게 불러요)이 좋아하는 문제들은 따로 있어요. 그런 문제들은 그들로 하여금 눈을 번쩍 뜨게 만들어요. 그런 문제들이 자기들에게 어울린다고 생각하죠. 예를 들면 이런 문제들이에요. 신이 태어난 정확한 계기는 무엇인가? 그리스도에게 여러 혈통이 있는가? 하느님 아버지가 그의 아들을 증오한다는 것이 가능한 명제인가? 하느님이 여성, 악마, 당나귀, 호박, 조약돌의 형태를 띨 수 있는가? 만약 그런 형태를 띨 수 있다면 조롱박은 어떻게 설교하고, 기적을 행하고, 십

---

* 계모의 중상모략에 넘어가 자기를 죽이려고 하는 아버지를 피해 테네도스 섬으로 도피한 톨로나이의 왕자 테네스의 이야기에서 나온 말이다. 그리스 신화에 나오는 이 이야기에서 테네스 왕자가 도피한 뒤에 아버지가 뒤늦게 진실을 알고 찾아왔으나 테네스 왕자는 아버지가 타고 온 배에 연결된 줄을 도끼로 끊어 보복한다.

자가에 못박힐까? 만약 그리스도가 십자가에 매달려 있을 때 사도 베드로가 축성했다면 무엇을 축성했겠는가? 그때의 그리스도를 동시에 사람이라고 할 수 있는가? 부활 이후에도 먹고 마시는 것이 금지되는가(물론 지금은 사람들이 언제나 배고픔과 갈증에 당연히 대비하고 있는 게 현실이다)?

순간, 개념, 관계, 형식, 본질, 개성 등에 관한 더 세련된 궤변도 상당히 많이 있어요. 이런 것들은 린케우스의 눈이 없으면 알아볼 수 없어요. 그리고 린케우스의 눈이 있다고 하더라도 칠흑 같은 어둠을 뚫고 봐야 하는데, 사실은 실제 존재하지 않는 것들이기에 알아보기 힘들 거예요.

그야말로 역설의 극치를 이루는 그들만의 '금언'도 있어요. 그들의 금언에 비교하면 그동안 역설의 대가로 알려진 스토아학파 학자들의 주장은 오히려 시시하게 느껴져요. 그들의 금언은 이를테면 "가난한 사람이 주일날 구두를 수선하는 것보다는 사람 천 명을 학살하는 죄가 더 가볍다"든가 "전 세계를 산산조각 나도록 내버려두는 것이 사소한 거짓말을 하나 하는 것보다 오히려 낫다"든가 하는 것들이에요.

이렇게 신학자들의 이해할 수 없는 논의를 따라가다 보면 그들의 노선과 계보 때문에 더욱더 이해하기 어려워집니다. 그러니 실재론파, 유명론파, 토마스파, 알베르파, 오캄파, 스코투스파 등 여러 분파의 엇갈린 주장들로 인한 혼선에서 벗어나는 것보다 미로에서 탈출하는 것이 더 **빠를** 거예요. 사실 나는 방금 모든 분파를

다 언급하지도 않았어요. 단지 중요한 것들만 거론했을 뿐이죠. 신학자들이 내세우는 박식함과 난해함의 실상은 이 정도예요. 이 때문에 예수의 사도들조차도 이런 새로운 신학자들과 신학상의 문제에 관해 논의를 하게 된다면 아마도 다른 영혼의 도움을 필요로 할 거예요.

사도 바울은 믿음에 대한 가르침을 우리에게 주었어요. 그는 "믿음은 소망의 본질이요 보이지 않는 것의 증거"*라고 말했어요. 학술적인 정의라고 하기는 어렵죠. 그리고 그는 《코린토인들에게 보낸 첫 번째 편지》 13장에서 박애에 대해 가장 훌륭하게 설명했죠. 그렇지만 그는 그것을 논증의 규칙에 따라 구분하지도 정의하지도 않았어요.

사도들은 경건한 마음으로 성체♠를 축성했어요. 그렇지만 그들이 성체변화♣가 무엇이고 어디에서 시작되어 어디로 귀결되는지에 관해 질문을 받았다고 해보세요. 또 어떻게 같은 몸이 여러 곳에 있을 수 있는지, 하늘에 있는 그리스도의 몸과 십자가에 못박혔을 때와 성체성사가 진행될 때의 그리스도의 몸 사이에 어떤 차이가 있는지, 성체변화가 정확히 어떤 순간에 일어나는지 등에 관한 질문을 받았다고 가정해보자고요. 스코투스주의자들이 설명과 정의를

---

* 《히브리서》 11장 1절.
♠ 가톨릭교에서 성찬에 쓰는 빵과 포도주처럼 그리스도의 몸과 피, 또는 영혼이 담겨 있다고 여겨지는 것을 말한다.
♣ 가톨릭교의 미사에서 성찬의 빵과 포도주가 그리스도의 몸과 피로 변한다고 믿는 것.

통해 답변할 때와 같은 정밀함을 사도들은 결코 보여주지 못했을 거예요.

사도들은 예수의 어머니를 개인적으로도 잘 알고 있었어요. 그러나 그들 가운데 누가 성모 마리아는 아담의 원죄를 갖고 있지 않았다는 것*을 우리의 신학자들처럼 철학적으로 증명했던가요? 베드로는 열쇠를 받았어요. 베드로에게 그 열쇠를 건네준 분은 자격이 없는 사람에게는 결코 그것을 건네주지 않았을 거예요. 그러나 지식이 없는 사람이 어떻게 그 열쇠를 계속 갖고 있을 수 있는지를 베드로가 이해했다고는 생각하기 어려워요. 베드로는 어느 곳에서도 정교한 논리적 능력을 보여준 적이 없어요.

사도들은 가는 곳마다 사람들에게 세례를 주었어요. 그렇지만 그들은 세례의 '형식적이고 물질적인 원인'이나 '유효하고 최종적인 원인'을 가르치지 않았어요. 그들은 세례의 특성에 관해서도 일절 언급하지 않았어요. 이를테면 그것이 지워진다거나 지워지지 않는다거나 하는 말은 하지 않았어요. 그들은 진실한 마음으로 예배를 드렸어요. 그렇지만 "하느님은 영이시다. 그러므로 그분께 예배를 드리는 이는 영과 진리 안에서 예배를 드려야 한다"♠는 복음서의 말씀에 따라 오로지 영혼으로만 예배했어요.

---

* 가톨릭교의 교리에 따르면 아담과 이브가 금단의 열매를 먹은 뒤로는 모든 인간이 원죄를 짊어지고 태어난다. 그렇지만 오직 성모 마리아만은 원죄를 지니지 않고 태어났다고 한다.
♠ 《요한복음》 4장 24절.

벽에 목탄 스케치로 그려진 평범한 인물화도 두 팔을 앞으로 뻗치고 있고 긴 머리카락과 함께 머리 뒤의 후광에서 나오는 세 줄기의 빛만 그려져 있으면 그리스도가 숭배되는 것과 똑같은 방식으로 숭배돼야 한다는 것은 분명히 사도들은 알지 못했던 거예요. 36년 동안 아리스토텔레스와 스코투스의 자연학과 형이상학을 연구하는 데 몰두하지 않고는 어떻게 이런 모든 것을 이해하겠어요?

사도들은 은총에 대해서도 되풀이해서 가르쳤어요. 그러나 그들은 '대가 없이 주어지는 은총'과 '보상으로서 받는 은총'을 결코 구별하지 않았어요. 또한 스스로 하는 선행과 본인의 의지와 관계없이 이뤄지는 선행을 가리지 않고 격려했어요.

그들은 어디에서나 박애를 가르쳤어요. 그러나 선천적 박애와 후천적 박애를 나눌 줄은 몰랐어요. 그것이 우연적인 것인지 본질적인 것인지, 창조된 것인지 창조된 것이 아닌지를 설명하지도 않았어요.

그들은 죄를 혐오했어요. 그렇지만 내가 목숨을 걸고 맹세해요. 우리가 죄라고 부르는 것에 대한 학술적 정의를 그들은 내릴 수 없었다는 것을. 그들은 결코 스코투스주의자들의 가르침을 받지 않았으니까요.

사도 바울은 학식이라는 면에서 당시의 모든 사도를 가늠하게 해주는 척도라고 할 수 있어요. 그는 모든 토의와 논란과 계보와 '말싸움' 같은 것을 금지했어요. 그가 만약 궤변에 닳고 닳은 사람이었다면 그런 금지를 하지 않았을 거예요. 게다가 그 시절의 모든 논란과 다툼은 오늘날 우리의 학자들이 자랑하는 크리시포스식* 정교함과 비교하면 엉성하기 짝이 없었지요.

사도들에 대해서는 신학자들이 그래도 겸손한 편이죠. 사도들에 의해 씌어진 것에 대해 곧바로 헐뜯지는 않으니까요. 그들은 대신 편하게 해석하는 거죠. 그들이 이런 태도를 보이는 것은 고대인과 사도라는 호칭을 존중하기 때문이겠지요.

사도들에게 그런 정교함을 기대하는 것은 물론 공정하다고 하기 어려워요. 그들은 스승으로부터 이런 문제에 관한 이야기를 그렇게 많이 들어본 적이 없거든요. 만약 사도들에 의해 씌어진 것과 비슷한 글이 크리소스토모스, 바실리우스, 히에로니무스♠ 같은 사람들의 책에서 발견된다면 '수용불가'라는 낙인이 찍힐 거예요. 사도들은 또한 이교도 철학자와 유대인들을 반박했어요. 사도들은 본래 매우 완강한 사람들이었죠. 그렇지만 삼단논법을 통해서가 아니라 삶의 방식과 기적이라는 모범을 통해서였어요. 특히 스코투스파의 질문법♣에 대해서는 한마디라도 이해할 만큼의 지적인 능력도 없는 사람들이었지요.

---

* 크리시포스는 기원전 3세기에 활동한 스토아 철학자다. 그는 논리학과 문답법에 정통하고 매우 날카로운 사람이었다고 전해진다. 자신의 실력에 대해 자신만만해서 "만일 크리시포스가 없었다면 스토아 학파도 없었을 것"이라고 말했다고 한다.
♠ 이들은 3~4세기에 활동한 성직자와 신학자들이다.
♣ 13세기에 스콜라 철학자 둔스 스코투스가 제자들에게 질문을 던지고 찬성과 반대의 토론을 벌이게 했던 것을 가리킨다. 스코투스는 그 질문과 토론의 내용을 모아 문제집을 만들어 펴내기도 했다.

오늘날 극단적으로 정교한 논쟁에 직면할 경우에 곧바로 도망치지 않는 이방인이나 이교도는 없어요. 너무 머리가 나빠서 논쟁을 전혀 따라잡을 수 없거나 경솔한 나머지 큰 소리로 외치는 사람들을 빼고는. 물론 대등하게 맞붙는 싸움에 필요한 훈련을 받은 사람도 있을 테죠. 그런 경우는 마치 마술사끼리, 아니면 행운의 검을 가진 사람끼리 싸움이 붙을 경우와 같겠죠. 이것은 페넬로페가 베틀로 베를 다시 짜는 것과 똑같은 경우이기도 할 거예요.

그리고 내 생각으로는, 기독교도가 조금만 더 생각해본다면 논쟁하기를 좋아하는 스코투스파 사람들과 황소고집장이 오캄주의자들, 그리고 패배를 모르는 알베르투스파 사람들을 궤변론자들로 편성된 연대와 함께 투르크인이나 사라센인과 전투를 벌이는 곳에 보낼 거예요. 오랫동안 전쟁을 벌이고서도 아무런 성과도 내지 못한 우둔한 군단 대신에 말이에요. 실제로 그렇게 했다면 그들은 그야말로 가장 치열한 전투를 벌여 역사상 유례없는 승리를 거두었을 거예요. 그 누가 아무리 냉정하다고 해도 그런 신학자들의 자극을 받고 화끈 달아오르지 않겠어요? 또한 그들의 자극을 받고도 꿈쩍도 하지 않을 만큼 우둔한 사람들이 어디 있나요? 게다가 그런 신학자들이 뿌리는 지독한 어둠에서 빠져나올 수 있을 만큼 눈이 좋은 사람이 과연 있을까요?

여러분은 내가 이 모든 이야기를 그저 농담 삼아 한다고 생각할 거예요. 그렇게 생각한다 해도 놀랄 일은 아니에요. 교육을 많이 받은 신학자 가운데서도 사소하다고 여겨지던 문제에 대한 신학적 논쟁에 질려버린 사람들이 좀 있어요.

그토록 거룩한 일에 대해 더러운 입으로 이야기하고 이교도적인 속된 이론으로 논쟁을 벌이는 것은 저주받을 신성모독의 하나이고 불경의 극치라고 많은 사람들이 생각할 거예요. 거룩한 일은 설명보다는 숭배를 요구하니까요. 또 함부로 정의를 내리고 비천하고 불결하기까지 한 단어와 감정을 가지고 신성한 신학의 존엄함을 더럽히는 행위도 혐오의 대상이 될 겁니다.

그럼에도 불구하고 우리의 신학자들은 언제나 스스로 만족하고 손뼉을 쳐가면서 무척 행복해 하는 사람들이에요. 그들은 또 우스꽝스런 광대짓을 하느라 밤낮으로 너무 바쁜 나머지 성서나 사도 바울의 서간을 한 번이라도 들여다볼 시간적 여유마저 갖지 못해요. 그들은 그렇게 무의미한 일로 학교에서 시간을 허비하면서도 모든 교회가 자기들의 삼단논법을 기둥으로 해서 지탱되며 그것 없이는 교회가 무너지고 말 것이라고 믿어요. 마치 옛 시인의 시에서 아틀라스*가 어깨로 하늘을 떠받치듯이 자기들의 삼단논법이 교회를 떠받치고 있다는 거죠.

여러분은 그들이 성서를 마치 밀랍으로 만들어진 것인 양 멋대로 뜯어고치고 또 뜯어고치고 하면서 행복해 하는 모습도 볼 수 있을 거예요. 소수의 스콜라 학자들이 내린 결론이 솔론의 법전보다 더

---

* 티탄 신족에 속하는 신으로 제우스 신의 명에 따라 하늘을 어깨로 떠받치게 됐다.

큰 무게를 갖고 교황의 칙령보다 더 우선된다고 주장하는 모습도 목격할 수 있을 거예요. 그들은 또한 세계의 검열관을 자임해요. 명시적으로나 묵시적으로나 자기들이 내린 결론과 정확하게 일치하지 않는 것에 대해서는 취소를 요구해요. 때로는 "이 명제는 수치스럽다", "이것은 불경하다", "이것은 이단의 냄새가 난다", "이것은 듣기가 거북하다"는 식으로 신탁까지 내놓아요. 이 유식한 학자들이 판단해보고 괜찮다고 인정해주지 않는 한 세례도 복음서도, 사도 바울이나 사도 베드로, 성 히에로니무스, 성 아우구스티누스의 힘 또는 아리스토텔레스 신봉자 가운데 최고의 인물이라고 할 수 있는 성 토마스*의 위엄도 어떤 사람을 기독교도로 만들 수가 없어요.

"너는 요강냄새를 풍긴다"는 말과 "요강에서 악취가 난다"는 말이, 또는 "단지에 넣고 끓인다"는 말과 "단지를 끓인다"는 말이 똑같은 뜻일까요? 그렇다고 말하는 사람은 기독교인이 될 수 없답니다. 우리의 신학자님들께서 그렇게 이야기해주었거든요. 그렇지 않았다면 누가 그런 것을 상상이나 할 수 있었겠어요? 만약에 그 학자들이 대학의 큰 직인이 찍힌 발간물♠로 이런 문제를 제기하지 않았다면 아무도 그것에 관해 알 수도 없었을 거예요. 또 그랬다면 누가

---

* 13세기의 신학자이자 대표적인 스콜라 철학자로서 《신학대전》을 저술했다.
♠ 옮긴이는 에라스무스가 살던 시대의 대학 제도가 어떠했는지를 잘 알지 못하기 때문에 이 구절의 의미를 이해하기가 쉽지 않지만, 아마도 이 구절은 당시에 대학이 각종의 출판물을 통해 신학 분야에 관한 이론과 논쟁을 제기했음을 의미하는 것으로 추측된다. 신학은 중세 이후에 유럽의 대학에서 가장 중요한 강의분야이자 연구대상이었다.

교회를 '아둔한 과오'에서 벗어나게 할 수 있었겠어요? 그러니 그들은 그런 일을 하면서 완벽하게 행복해 하지 않을까요? 그들은 지옥의 광경을 마치 자기들이 거기서 몇 년 동안 살아본 것처럼 묘사할 때에도 행복을 느낄 거예요. 또는 자기들 멋대로 새로운 우주를 만들고, 축복받은 영혼이 편안하게 산책하거나 회식 또는 공놀이를 즐길 수 있도록 거기에 가장 넓고 아름다운 천계를 덧붙일 때에도 비슷한 행복을 느낄 거예요.

그들의 머리는 이처럼 우스꽝스러운 것들로 꽉 차 있어요. 그런 것들이 2천 가지도 더 될 거예요. 제우스(유피테르) 신이 헤파이스토스(불카누스) 신에게 아테나 여신을 낳게 해줄 도끼를 요청할 때*에도 이처럼 골머리가 터졌을 거라고는 믿어지지 않아요. 그러므로 그들이 공개토론회장에서 머리를 끈으로 꽉 조여매고 있는 모습을 보더라도 여러분은 놀라지 마세요. 그렇게 하지 않으면 그들의 머리는 터져버리고 말 테니까요.

특히 그들이 스스로를 큰 신학자라고 생각하면서도 아주 저속하고 더러운 말을 입 밖에 내는 것을 보면서 나는 자주 웃음을 짓곤 해요. 그들은 자기와 똑같이 중얼거리는 동료들을 제외하고는 아무도 알아들을 수 없을 정도로 중얼거리곤 해요. 이 때문에 자기가 하는

---

* 티탄 신족의 현명한 여신 메티스(사려분별)가 제우스 신과 결혼해서 아이를 가졌지만 제우스 신은 그 아이가 장차 아버지를 쓰러뜨리고 세계를 지배할 것이라는 경고를 듣고는 메티스를 통째로 삼켜버렸다. 그러나 제우스 신은 메티스가 임신한 아이 때문에 심한 두통을 겪게 된다. 제우스 신은 할 수 없이 헤파이스토스로 하여금 도끼로 자신의 머리를 깨게 했다. 그러자 그의 머리에서 완전무장한 아테나 여신이 태어났다고 한다.

말을 일반 대중이 알아듣지 못하면 자기가 마치 고매한 지식이나 가진 듯이 으쓱해 하죠.

그들에게 문법을 그대로 따르도록 강요하는 것은 성서에 어긋난다고 그들 자신이 주장해요. 마치 문법에 어긋나게 말할 수 있는 것이 신학자의 특권이라도 되는 것처럼 말이죠. 하지만 그런 특권은 그들뿐만 아니라 일을 해서 먹고 사는 대다수 사람들에게 똑같이 주어진 거예요. 신학자에 대해 마지막으로 한 마디만 더 할 게요. 신학자에게 누군가가 "우리의 선생님"이라고 경건하게 불러주면 그는 스스로를 하느님과 가까이에 있는 존재라고 생각한답니다. 이는 마치 유대인에게 4개의 신비로운 문자*가 신성하게 여겨지는 것과 비슷합니다. 따라서 신학자들은 '우리의 선생님'이라는 말을 대문자로 '마기스테르 노스테르(MAGISTER NOSTER)'라고 쓰지 않으면 불법이라고 말합니다. 그 순서를 바꿔서 '노스테르 마기스테르'라고 말하는 사람이 있다면 그는 신학자라는 호칭이 갖는 존엄성을 파괴하는 게 됩니다.

행복이라는 측면에서 이런 사람들과 가장 가까이에 있는 사람들은 '경건한 사람' 또는 '수도사'라고 흔히 불리는 이들이죠. 그런데 그 호칭은 아주 잘못된 거예요. 왜냐하면 그들은 종교에서 상당히 멀리 떨어져 있고, 여러분이 가는 곳이면 어디에서나 많이 보게 되니

---

* 유대인이 여호와 신을 나타낼 때 쓰는 'YHWH'를 말한다.

까요. 만약 내가 그들을 여러 모로 돕지 않는다면 그들의 삶보다 더 가련한 삶이 있으리라고 상상할 수 없어요. 그들은 누구에게나 혐오의 대상이 되죠. 그래서 사람들은 그들을 우연히 마주치기만 해도 재수가 없다고 생각해요. 그래도 그들은 스스로를 대단하다고 생각하죠.

우선 그들은 문자를 몰라서 글을 읽을 수 없는 것이 최고의 경건함이라고 믿어요. 그런데도 그들은 교회에서는 이해하지도 못하는 찬송가를 되풀이 부르면서 나귀처럼 시끄러운 소리를 내요. 그럴 때 그들은 자기들이 하느님의 귀에 큰 즐거움을 선사한다고 상상하죠. 그들 가운데 다수는 불결함과 앵벌이짓을 자랑거리로 생각하고 남의 집 문전에서 큰소리로 빵을 구걸해요. 그들은 모든 여인숙과 마차와 배를 가리지 않고 신세를 집니다. 그들 때문에 다른 거지들이 오히려 큰 손해를 보고 있어요. 그들은 자기들의 불결과 무지, 상스럽고 염치없는 행동에 스스로 큰 만족을 느끼면서 그런 것을 통해 자기들이 사도들을 우리가 사는 세계로 모셔오는 역할을 한다고 착각해요.

그렇지만 그들의 생활을 지배하는 규칙보다 더 희극적인 것은 없을 거예요. 그들은 마치 수학계산 하듯이 규칙을 정해놓고 그것을 무시하면 죄라도 되는 듯이 따르고 있으니까요. 신발끈 매듭의 수, 허리띠의 색깔, 수도사복의 색깔과 종류, 허리띠의 재료와 폭, 고깔 달린 수도사복의 형태와 크기, 머리를 밀어내는 부분의 너비, 그리고 잠자는 시간까지 세밀하게 규정돼있어요. 사람의 몸과 기질이

상이한데도 이런 규정이 '평등' 하게 적용되는 것이죠. 그것은 결국 불평등일 뿐이라는 것을 모르는 사람은 없겠지요?

그런데도 이런 사소한 것이 그들로 하여금 다른 사람들에 대한 우월감을 갖게 할 뿐만 아니라 그들끼리 서로 경멸하게 만들어요. 사도적인 박애를 공언하는 그들이 규칙과 다른 허리띠를 맸거나 색깔이 너무 어두운 허리띠를 맸다는 것 등을 이유로 서로 비난하며 소동을 일으키곤 해요. 어떤 사람들은 이런 규칙을 너무 엄격하게 지키기 때문에 킬리키아 양모로 만든 겉옷을 입고 안에는 밀레토스 양모로 만든 옷을 입을 거예요. 그러나 다른 사람들은 겉에는 리넨으로 만든 옷, 안에는 양모로 만든 옷을 입죠. 돈을 만지게 되면 그것이 마치 치명적인 독약이나 되는 듯이 저도 모르게 몸을 움츠리는 사람들도 있어요. 그러나 그들도 포도주나 여자를 만나면 별로 자제하지 않아요.

요컨대 그들은 모두 생활방식에서 뭔가 다르게 보이기 위해 대단한 수고를 하는 셈입니다. 그들은 그리스도를 닮는 데는 흥미가 없고 서로 다르게 보이는 데 관심을 갖고 있어요. 그래서 결과적으로 그들의 행복 가운데 상당부분이 그들의 별명에서 나오게 됩니다. 이를테면 어떤 이들은 노끈수도사*라고 불리는 데서 환희를 느낍니다. 그들은 다시 콜레탄스파, 미노레스파, 미니무스파, 불리스타

---

* 13세기에 이탈리아에서 아시시 출신의 성 프란체스코가 세운 수도회를 가리킨다. 청빈을 최고의 덕목으로 여기고 허리띠 대신 노끈을 둘렀다고 해서 이런 이름이 붙었다.

파로 분화됩니다. 그리고 베네딕투스파, 베르나르파, 브리기테파, 아우구스티누스파, 빌헬름파, 야곱파 등도 있어요. 마치 기독교인이라고 불리는 것만으로는 충분하지 않다는 것 같죠?

그들의 대부분은 격식이나 인위적인 사소한 전통에 매달립니다. 그러다 보니 그들은 천국만으로는 자기들의 미덕을 보상받는 데 충분하지 않다고 여깁니다. 언젠가는 그리스도께서 이런 모든 것을 경멸하면서 자신의 진정한 가르침, 즉 박애의 가르침을 이행했는지를 물을 때가 올 거라고는 결코 생각하지 않아요. 어떤 수도사는 각종 생선을 잔뜩 먹어서 부풀어 오른 가련한 배를 내보입니다. 다른 수도사는 그릇에 퍼 담으면 백 그릇은 족히 될 만큼 많은 찬송가를 읊어댑니다. 또 다른 수도사는 수만 번의 단식을 합니다. 대신 하루에 한 차례 하는 식사 때마다 배가 터질 정도로 음식을 많이 먹어치웁니다. 어떤 수도사는 일곱 척의 배로 간신히 실어 나를 수 있을 만큼 엄청나게 많은 예배를 드렸다면서 뿌듯해 합니다. 또 어떤 수도사는 육십 년 동안 가죽장갑을 끼지 않고는 돈을 만져본 적이 없다고 자랑합니다. 다른 수도사는 때가 두껍게 절어 붙어서 선원조차도 몸에 걸치기 싫어할 만한 수도사복을 보여줄 거예요. 어떤 수도사는 어떻게 55년 동안 해면처럼 한 곳에 붙어서 지내왔는지를 말할 거예요. 그런가 하면 끝없이 찬송가를 불러서 쉬어버린 목소리, 홀로 살았기 때문에 생긴 무력증, 혹은 침묵의 규칙을 지키느라 사용하지 않아서 굳어버린 혀 등을 자랑 삼아 보여주는 수도사도 있을 거예요. 그렇지만 그리스도께서는 이들의 끝없는 과대망상을 보

고는 이렇게 물어보실 겁니다.

"이 새로운 종류의 유대인들은 어디서 나왔는가? 나는 오직 하나의 계율만 진짜 나의 것으로 여긴다. 그러나 이행은 말로 하는 것이 아니다. 오래전에 나는 모든 사람이 보는 데서 비유로 포장하지도 않고 내 아버지의 유산을 전해주겠다고 약속했다. 그러나 그것은 고깔 달린 수도사복을 입거나 기도를 암송하거나 단식을 하는 사람들을 위한 것이 아니라 박애의 의무를 실천하는 사람들을 위한 것이다. 나는 자신의 행위를 너무 떠벌이는 사람을 인정하지 않는다. 나보다 거룩해 보이고 싶은 사람은 원한다면 아브락사스파* 사람들의 천국에 가서 살 수 있을 것이다. 아니면 내 가르침보다 더 중시하는 전통과 관습을 물려준 사람들에게 새로운 하늘을 지어달라고 하면 될 것이다."

그들이 이런 이야기를 들을 때, 그리고 평범한 선원이나 짐마차꾼을 그들보다 더 소중하게 여기는 것을 볼 때 서로 어떤 표정을 주고받을 거라고 여러분은 생각하세요? 그러나 당분간은 그들도 나름대로의 기대에 부풀어 행복해 할 거예요. 그렇지만 그것도 나의 도움 없이는 불가능하죠. 비록 그들이 시민생활로부터 격리돼있어도 아무도 그들을 얕볼 수는 없어요. 특히 탁발수도사들은 고해성사라는 것을 통해 모든 사람의 비밀을 다 들어 알고 있어요. 그들은 그 비밀을 발설하는 것이 금지돼있다는 것을 알아요. 그런데 그들은

---

* 서기 2세기에 한때 이집트에 퍼졌던 기독교의 한 분파.

때때로 술을 마시면서 고해성사를 통해 들은 이야기를 안주 삼아 즐거운 시간을 보내요. 다만 이름은 들먹이지 않고 추측에 맡기죠. 그렇지만 누군가가 말벌의 둥지를 건드리면 그들은 일반 신자들을 향한 설교를 통해 신속하게 보복할 거예요. 에두른 표현을 통해 이름을 노출시키죠. 그러면 조금만 이해력이 있는 사람이라면 거론되는 인물이 누구인지를 알아차려요. 그럴 경우에는 당사자가 빵조각을 던져주어 그들이 더 이상 짖어대지 못하게 하는 수밖에 없겠지요.♠

그들이 설교를 하러 앞으로 나서서 연출하는 모습보다 더 볼 만하다고 생각되는 희극배우나 장사꾼의 모습이 있을까요? 그들이 전통적인 수사학의 규칙을 준수하는 태도를 보는 것은 매우 우습지만 무척이나 즐거운 일이죠. 불멸의 신이여! 그들이 어떤 몸짓을 하고 목소리를 어떻게 바꿔 가는지, 어떻게 낮은 소리로 소곤소곤 이야기하다가 큰소리를 지르는지, 어떻게 표정을 재빨리 바꾸고 고함소리로 청중을 어리둥절하게 하는지, 참으로 가관이죠. 이것은 비밀의식처럼 형제로부터 형제에게로 전수돼온 웅변의 기술입니다. 나는 그것을 잘 아는 사람은 아니지만 나름대로 상상으로 그려보려고 해요.

첫째로, 그들은 신에게 기원하는 것으로부터 시작해요. 시인들로

♠ 베르길리우스의 《아이네이스》 6권에서 지옥을 지키는 개 케르베로스에게 꿀케이크를 던져주는 장면을 연상시키는 표현이다.

부터 빌려온 수법이지요. 그러고 나서 박애에 대해 설교하려고 한다면 서론을 이집트 나일 강에 관한 이야기로 시작하죠. 만약 십자가의 신비를 자세히 이야기하려고 한다면 바빌로니아의 용인 벨*에 관한 이야기를 꺼내요. 만약 단식이 주제라면 황도 12궁에 관한 이야기를 먼저 해요. 또 혹시 믿음에 관해 이야기하고 싶을 때에는 원의 구적법에 관한 이야기를 먼저 장황하게 하죠.

둘째로, 언젠가 정신이 완전히 돌아버린 사람이 이야기하는 것을 들은 적이 있어요. 아, 미안합니다. 학자라고 해야 하는데 실수했군요. 그는 대규모 회중 앞에서 삼위일체의 신비를 설명하고 있었어요. 그는 탁월한 학식을 과시하고 신학자들의 귀를 만족시키기 위해 참으로 독특한 방식으로 이야기하기 시작했어요. 문자와 모음, 그리고 연설에 관한 이야기를 꺼내더니 명사와 동사의 일치, 형용사와 명사 및 명사구의 일치로 넘어갔죠. 청중은 놀라서 서로 쳐다보면서 수군거렸어요. "이렇게 심한 악취가 어디로 퍼져갈까?"라는 호라티우스의 시구♠를 서로 주고받기도 했어요. 마침내 그는 결론에 도달했어요. 삼위일체의 상징이 문법의 기본에 드러나 있으며,

---

* 《다니엘서》 14장에서 예언자 다니엘이 바빌로니아인의 우상인 벨의 신상을 부수고 신전에 있던 뱀(또는 용)을 죽였다는 설화를 말하는 듯하다. 뱀(용)이 곧 벨은 아니지만, 어쨌든 바빌로니아인은 뱀을 신성한 동물로 여겼던 것으로 추정된다. 다니엘은 사자굴에 던져졌으나 하느님의 도움으로 살아났다고 한다.
♠ 호라티우스의 《풍자시》 2권 7장 21행.

어떤 수학적 도형도 그것보다 더 분명하게 삼위일체의 상징을 보여 줄 수 없다고.

그 '위대한 신학자'는 이 설교를 준비하느라 꼬박 여덟 달 동안 땀을 흘렸어요. 그래서 오늘날 그는 두더지보다도 눈이 더 어두워 요. 그의 날카롭던 시력은 지성을 날카롭게 벼리느라 희생된 게 분명해요. 그러나 그는 시력을 잃은 것에 대해 아무런 유감도 갖고 있지 않아요. 뿐만 아니라 그것은 자기의 영광된 시간을 위해서 치러야 할 작은 대가라고 생각해요.

내가 들은 또 다른 사람 이야기도 해볼게요. 그는 지금 나이가 여든이지만 여전히 활동적인 신학자에요. 여러분은 그를 스코투스의 화신이라고 생각할지도 모르겠네요. 그는 예수의 이름에 담긴 신비를 설명하겠다고 나섰어요. 그 신비가 어떻게 예수의 이름 글자에 숨어 있는지를 보기 드물 정도로 정교하게 증명했어요. 예수(Jesus) 의 이름이 3가지 격으로 변화될 수 있다는 사실이 신의 삼중 성격을 분명히 상징한다는 것이죠. 제1격(Jesus)는 s로 끝나고, 제2격(Jesum)은 m으로 끝나며, 제3격(Jesu)은 u로 끝납니다. 바로 여기에 '형언할 수 없는' 신비가 놓여 있답니다. 왜냐하면 그 3개의 글자는 그가 정점(summum)이요, 중간(medium)이며, 궁극(ultimum)임을 나타낸다는 것입니다. 그 글자들은 또한 이보다 더 심오한 신비도 감추고 있답니다. 이번에는 수학적인 설명이 들어갑니다. 그는 s 문자를 가운데에 놔두고 예수라는 이름 글자(Jesus)를 양분했어요. 그 s 문자를 히브리인은 syn으로 부른다고 그는 말합니다. syn은 스코틀랜드 말로 죄라는 뜻을 가진 것으로 알고 있습니다. 바로 여기에 예수가 세상의 죄를 없애는 분이라는 명백한 증거가 들어 있다는 게 그의 설명입니다.

이렇게 신기한 서론을 듣자 청중은 입을 딱 벌린 채 다물지 못했어요. 특히 그 자리에 있던 신학자들은 거의 니오베처럼 될 뻔했어요.* 나도 까무러칠 뻔했지요. 불운하게도 카니디아와 사가나의 야간의식을 목격한 프리아포스 무화과나무♠처럼 될 뻔했어요. 그런데 의문이 생겼어요. 그리스의 데모스테네스와 로마의 키케로도 과연 그런 기발한 서두를 생각해 낸 적이 있었을까? 이 두 위대한 웅변가는 주제와 관계없는 도입부는 나쁘다는 견해를 갖고 있었어요. 스승이라고는 자연이 전부인 돼지치기 목동도 그런 식으로 이야기를 시작하지는 않아요. 그러나 우리의 학식 깊은 선생님들은 서론이 나머지 부분과 아무 관련도 없게 말을 해요. 그래서 청중이 놀라서 "저런 이야기가 그를 어디로 이끌고 갈까?" 하고 수군거리면 그들은 자신의 탁월한 수사학적 재능이 발휘된 것이라고 생각해요.

셋째로, 그들은 설명을 위해 복음서의 구절을 자주 인용하긴 하는데 지나가듯 얼렁뚱땅 언급할 뿐이지요. 사실은 그것이 주된 내용

---

* 그리스 신화에서 7명의 아들과 7명의 딸을 둔 어머니 니오베는 자식 자랑을 지나치게 하다가 아폴론 신의 노여움을 사서 아폴론 신이 쏜 화살에 자식을 모두 잃고 슬퍼하다가 돌로 변한다.
♠ 호라티우스의 《풍자시》 1권 8장에 나오는 이야기다.

이 돼야 하는 것인데 말이에요.

넷째로, 그들은 화제를 재빨리 바꾸어 '이 세상에서도 하늘나라에서도 들어본 적이 없는 신학상의 문제를 제기합니다. 그들은 이렇게 하는 것이 자신의 전문가적 자질을 한층 더 잘 보여주는 것이라고 상상하지요. 마침내 그들은 신학자로서의 교만을 드러냅니다. 그들은 장엄박사, 엄밀박사, 초정밀박사, 제1천사박사, 신성박사, 반박불가능박사 등과 같은 어마어마한 칭호를 들먹이면서 청중의 귀를 괴롭힙니다. 그리고 나면 그들의 삼단논법과 대전제, 소전제, 결론, 부가결론, 가정 등 학술적 쓰레기들이 무지한 청중에게 쏟아져요.

그 다음으로 다섯 번째 행동이 남아 있어요. 이 단계에서 그들은 최고의 기술을 과시하려고 합니다. 그들은 이를테면 《역사의 거울》이나 《로마인 공훈록》*같은 책에서 어리석고 별 의미 없는 일화를 찾아냅니다. 그리고 그것을 우의적으로, 교훈적으로, 유비적으로 해석하려 듭니다. 이런 식으로 그들의 키마이라♠가 완성되죠. 그것은 호라티우스가 "인간의 머리에 덧붙여주라"♣고 썼을 때도 꿈꿔

---

* 각각 세계사와 로마사에 관한 책으로 중세 유럽에서 널리 읽혔다고 한다.
♠ 그리스 신화에 나오는 괴물. 머리는 사자, 상체는 산양, 하체는 뱀의 모양을 하고 있으며 입으로 불길을 토해낸다. 호메로스의 《일리아스》 6권 참조.
♣ 호라티우스의 《시론》 첫머리에 나온 말을 활용한 것이다. 그 첫머리에는 "사람의 머리에 말을 붙이고, 몸의 나머지를 여러 빛깔의 깃털로 뒤덮고…, 아름다운 여인의 하반신이 물고기의 꼬리 모양을 하고…. 이런 모습을 보고도 친구들이여 웃음을 참을 수 있겠는가?"라고 씌어 있다.

보지 못한 괴물이에요.

그런데 그들은 연설을 시작할 때에는 조용조용히 말해야 한다고 누군가로부터 들었어요. 그래서 그들은 도입부를 아주 부드럽게 시작하죠. 그들 스스로도 자신의 목소리를 들을 수 없을 지경이에요. 아무도 알아듣지 못하게 말하는 것에 어떤 의미가 있는 듯이 말이죠.

그들은 또한 가끔 큰 목소리를 내서 청중을 자극해야 한다고 들었을 거예요. 그렇기에 낮은 목소리로 말하다가 갑자기 필요도 없는데 사납게 목소리를 높이죠. 그러면 여러분은 아무 의미도 없는데 목소리를 높이는 사람에게는 광기 치료약을 먹여야 한다고 맹세하게 될 거예요. 더욱이 그들은 설교란 진행되면서 점차 고조돼야 한다는 말도 들었을 거예요. 그렇기에 그들은 어떻게 해서든 이야기의 도입부에서는 언제나 적당하게 이야기를 하다가 나중에는 목소리를 최고조로 높여 사자후를 토해냅니다. 그것이 무의미한 이야기라도 상관없어요. 그러고는 정말로 예기치 않게 끝내 버립니다. 여러분은 그의 숨이 멎었다고 생각하게 될지도 몰라요.

마지막으로, 그들은 수사학 책의 저자들이 웃음에 대해 언급하는 것을 알고 있어요. 그래서 때때로 약간의 농담까지 곁들이는 수고를 합니다. 오, 아름다운 아프로디테여! "리라를 타는 당나귀로군!" 하고 외치려다가 아주 적절한 때에 아주 우아하게 등을 돌리시네요. 그들은 때때로 남을 비판하기도 해요. 그러나 그 비판은 누구를 아프게 하는 날카로운 맛은 없고 약간 간질여줄 뿐입니다. 사실 그들이 꾸밈없이 말한다는 인상을 주기 위해 열을 올릴 때보다 더 비굴해 보이는 경우는 없을 거예요.

그들의 설교는 결국 광장의 떠돌이상인에게서 배운 것일지도 몰라요. 떠돌이상인이 그들보다 훨씬 훌륭해요. 그렇지만 이 두 부류의 사람들은 서로 무척 닮았어요. 그러니 그들이 서로에게서 수사법을 배웠으리라는 추측에 누구도 의문을 제기하지 않을 거예요. 그렇다 한들 또 어때요? 어쨌든 내 덕분에 그들은 자기들의 말을 경청하면서 진짜 데모스테네스나 진짜 키케로의 연설을 듣는다고 믿어주는 사람들을 찾아내잖아요. 특히 상인이나 어리석은 여자들 사이에서 말이에요. 그들은 사실 이런 사람들의 귀를 즐겁게 해주기를 특히 갈망해요.

왜냐하면 상인에게는 적절히 구워삶기만 하면 부정하게 얻은 이익의 일부분이라도 나눠주는 버릇이 있기 때문이지요. 여자도 여러 가지 이유로 교회에서 그들과 친해지려고 합니다. 여성 신도는 남편과 다퉜을 때 그들을 찾아가서 남편에 대한 험담을 쏟아낼 수 있거든요. 이제 여러분은 그들과 같은 부류의 인간들이 나에게 얼마나 많은 빚을 지고 있는지를 알 거예요. 잡다한 격식과 우스꽝스런 행태, 그리고 고함소리가 그들로 하여금 중생 위에 군림하게 해주고, 살아있는 바울과 안토니우스*라고 자처할 수 있게 해주지요.

이제 그 위선자들을 떠나게 돼서 홀가분하군요. 그들은 배은망덕해서 나에게 빚지고 있다는 사실을 감추고, 경건함을 따라야 할 때

* 사도 바울을 가리키는지, 아니면 4세기 살았던 성 바울을 말하는지는 확실하지 않다. 안토니우스라는 이름을 가진 성인도 두 사람이 있다. 그러나 누구를 지칭한 것이든 여기서 에라스무스는 신학자와 수도사들이 허세를 부리느라 그들을 흉내 내고 있음을 꼬집고 있는 것은 마찬가지다.

파렴치하게 행동하는 존재죠.

아까부터 왕과 제후들에 관한 이야기를 하고 싶었는데, 이제야 해 보려고 해요. 그들은 고귀한 신분에 어울리게 그야말로 솔직한 자세로 나를 받아들여줘요. 그런데 그들이 만약 눈곱만큼이라도 건전한 지각을 갖고 산다면 그들의 삶보다 더 음울하고 멀리해야 할 것이 어디 있겠어요? 만약 진정한 통치권을 행사하려는 사람이 짊어져야 할 부담을 진지하게 고려한다면 아무도 거짓맹세나 존속살해 같은 비싼 대가까지 치르면서 대권을 차지해야겠다고 생각하지 않을 거예요. 일단 대권을 잡으면 사생활보다는 공적인 문제에 몰입해야 합니다. 그리고 오직 시민의 행복만을 생각해야죠. 자기가 제정하고 공포한 법률에서 손가락만큼도 벗어나서는 안 됩니다. 모든 장관과 관리의 정직함에도 책임을 져야 하고요. 모든 사람의 눈이 그에게 쏠립니다. 그가 인격적으로도 나무랄 데가 없다면 모든 사람에게 상서로운 별이 될 수 있습니다. 인류에게 최고의 구원자가 될 수도 있고요. 하지만 자칫하면 혜성처럼 나타났다가 커다란 재앙만 남긴 채 사라져 버릴 수도 있습니다.

   군주가 아닌 사람의 악덕은 그렇게 널리 알려지지도 않고 파급효과가 크지도 않아요. 하지만 군주의 위치는 달라요. 그가 만약 조금이라도 정직성을 결여한다면 부패가 전염병처럼 국민들 사이에 번져나가요. 또 통치자에게는 올바른 길에서 벗어나도록 부추기는 유혹이 상당히 많아요. 쾌락, 자유, 아부, 사치 같은 게 그런 것들이죠. 그러므로 군주가 자신의 책무와 관련해 과오를 범하지 않으려면 그만큼 더 열심히 노력해야 하고, 자기관리를 더 철저히 해야 해요.

마지막으로 덧붙이자면, 음모와 적의를 비롯해 군주를 괴롭히는 여러 가지 위험이나 공포는 새삼 언급할 필요도 없겠지요? 더 중요한 것은 진실한 왕*이 그의 머리 위에 버티고 있다는 거예요. 그 왕은 머지않아 그가 저지른 모든 사소한 죄에 대해서까지 결산을 하자고 요구할 거예요. 그가 휘둘렀던 힘이 클수록 결산의 요구는 준엄하겠죠.

이 밖에도 생각해야 할 사항들이 많이 있어요. 왕이 그런 것들을 죄다 깊이 생각한다면 단잠을 잘 수도 없고 식사를 즐겁게 할 수도 없을 거예요. 그가 현명하다면 그만큼 숙고를 거듭할 거예요. 그러나 실제로는 왕들이 나의 도움을 받아서 이런 모든 걱정거리를 신에게 맡겨버리죠. 그들의 진정한 관심사는 느긋하게 사는 거예요. 그래서 왕들은 걱정 때문에 마음이 흔들리게 하지 않으려고 듣기 좋은 말을 하는 사람에게만 귀를 빌려줘요.

그들은 사냥이나 열심히 하고 좋은 말이나 키우기만 하면 군주의 모든 책무를 다 하는 것이라고 믿어요. 정부와 군대의 요지를 팔아서 착복하거나 시민의 재산을 축내서 자신의 부를 불릴 수 있는 새

---

* 하느님을 뜻하는 것 같다. 군주가 현세에서는 권세를 휘두르지만, 이 세상을 떠나면 군주 역시 그동안의 모든 잘잘못을 하느님으로부터 심판받게 됨을 강조하기 위한 표현으로 생각된다.

로운 수단을 궁리해내는 것도 그들이 생각하는 군주의 책무랍니다. 그렇지만 그런 것들은 적당한 구실을 붙여서 자행해요. 아무리 사악한 짓을 해도 공평무사의 탈을 씁니다. 그들은 또한 민중에 대한 아첨의 말을 하는 데도 소홀하지 않아요. 민중의 감정을 자기에 대한 의무감으로 묶어놓기 위해서죠. 오늘날 대부분의 왕이 보여주는 모습을 있는 그대로 그려보세요. 법에는 무지하고, 민중의 이익을 침해하는 적에 대해서는 외면하는 태도를 취하죠. 그렇지만 자기의 개인적인 편의에 대해서는 민감해요. 쾌락을 즐기는 반면에 학문과 자유와 진리는 미워합니다. 나라의 이익에 대해서는 무관심하기 이를 데 없어요. 모든 것을 그 자신의 욕심과 이익의 관점에서 판단하죠.

그러니 그들에게 모든 덕의 결합을 상징하는 황금목걸이를 주어야겠어요. 보석이 박힌 왕관도 주고요. 그리고 모든 영웅적인 미덕에서 다른 누구보다 탁월해야 한다고 그에게 진언해봅시다. 나아가 타락하지 않은 마음에 정의를 상징하는 왕홀과 국가에 대한 헌신의 상징인 자주색 관복을 더해야겠죠. 군주가 이런 장식과 표지들을 자신의 생활과 비교한다면 그렇게 휘황찬란한 장식을 갖춘 것에 대해 틀림없이 낯 뜨거워질 거예요. 그리고 신랄한 풍자가에 의해 연극의 주인공 같은 모습에서 조롱과 조소의 대상으로 전락하지나 않을까 하고 두려워할 거예요.

신하들에 대해서는 무슨 말을 할까요? 그들은 대부분 가장 아첨을

잘 하고, 노예와 같고, 어리석고, 가치가 없는 존재들인데 말이죠. 그러나 그들은 모든 일에서 제1인자가 되고 싶어 합니다.

그들이 자랑스럽게 내보이는 것이 단 하나 있긴 해요. 금, 보석, 자주색 관복, 그리고 여러 가지 덕과 지혜의 상징 등을 몸에 두르고 다닌다는 거죠. 그렇지만 이런 것들이 상징하는 진정한 의미에 대한 관심은 다른 사람들에게 넘겨버리죠.

그들은 군주를 폐하라고 부를 수 있도록 허용되고 전하, 지존, 고결한 왕 따위의 칭호를 써가며 군주에게 경의를 표할 수 있는 것이 지극한 행복이라고 스스로 생각해요. 그런 행운을 얻었으니 얼굴을 반지르르하게 하고, 아첨도 즐겁게 하는 것이지요. 이렇게 하는 것이 귀족과 신하가 되는 데 필수적인 기술이니까요. 그러나 여러분이 그들의 모든 생활방식을 좀더 가까이서 본다면 그들이 페넬로페에게 구혼하는 파이아케스인*들과 너무도 흡사하게 살아간다는 것을 알게 될 거예요. 여러분도 그 시의 나머지 부분을 알 거예요. 요정 에코♠가 여러분에게 나보다 더 잘 전해줄 거예요.

귀족은 태양이 중천에 떠오를 때까지 잡니다. 그가 깨어나면 침대 곁에서 기다리고 있던 고용사제는 그가 누워있는 상태에서 서둘

---

* 오디세우스가 트로이 전쟁에 출정했다가 돌아오기까지 그의 아내인 페넬로페에게 구혼하는 남자들이 오디세우스의 집에 날마다 찾아와 잔치와 춤으로 세월을 보내면서 가산을 탕진하다시피 했다. 구혼자들 가운데 파이아케스인이 특히 많았다고 한다. 호메로스의 《오디세이아》 8권 참조.
♠ 그리스 신화에서 요정 에코는 남의 말을 되풀이하는 능력만 갖고 있다. 이 문장은 요정 에코가 《오디세이아》를 대신 읽어줄 수 있을 것이라는 의미다.

러서 미사를 드립니다. 그제야 그는 아침식사를 합니다만, 그 식사가 미처 끝나기도 전에 점심식사가 들어옵니다.

그 다음에는 주사위 놀이, 술 마시기, 운세 맞추기, 광대나 매춘부와 놀기, 그리고 저속한 농담 하기 중에서 한두 가지를 간식과 함께 즐깁니다. 그 다음에는 저녁식사를 하고 다시 술을 마시죠. 그러는 사이에 시간과 날과 달과 해와 세기가 덧없이 흘러갑니다. 그 과정에서 싫증을 낼 일도 없습니다. 그들이 그렇게 거드름 피우는 모습을 보면 나는 염증을 느끼고는 떠나버립니다.

귀부인들은 옷자락을 길게 늘어뜨릴수록 자기가 여신과 닮아 보인다고 생각합니다. 그리고 귀족들은 제우스 신에 더 가까이 있는 것처럼 보이기 위해 서로 팔꿈치를 밀치고 앞으로 나아갑니다. 그들은 목에 더 무거운 목걸이를 걸고 다닐수록 더 큰 만족을 느껴요. 자신의 재력뿐만 아니라 힘까지 과시하고 싶은 거죠.

군주들의 행태를 교황, 추기경, 주교들이 오래전부터 앞 다퉈 모방해왔어요. 아니 그들은 한발 더 나아가기까지 합니다.

성직자가 리넨으로 만들어진 복장의 의미를 성찰한다고 생각해 봅시다. 눈처럼 하얀 흰색은 순결하고 오점이 없는 삶을 나타내고, 두 개의 뿔이 하나의 매듭으로 연결된 주교관은 구약과 신약을 모두 완벽하게 알고 있음을 상징하죠. 장갑에 의해 보호되는 손은 성찬식을 거행하기 위한 것으로서 순결의 상징이자 잡다한 인간사에 오염되지 않을 것임을 뜻해요. 지팡이는 그의 보호에 맡겨진 신도

들을 그들이 진심으로 보살펴야 함을 상기시켜주는 것입니다. 그가 걸어갈 때 그의 앞에 내세워지는 십자가는 모든 인간적 정념을 극복했음을 상징해요. 그런데 혹시 성직자들이 이런 여러 가지를 성찰하려 든다면 그들의 삶이 슬픔과 근심에 젖어들지 않을까요?

그러나 실상은 이래요. 그들은 잘 먹고 잘 사는 것은 정말이지 훌륭하게 해낸답니다. 반면에 양떼를 보살필 책임은 예수 그리스도에게 맡겨버리거나 그들이 형제라고 부르는 신부 또는 대리인에게 미뤄버리죠. 그들은 주교라는 직함이 노동과 관심과 염려를 의미한다는 것은 기억조차 하지 않아요. 그렇지만 자기들에게 돈을 벌어주는 일이라면 그들은 그런 일에 대한 감독자의 역할을 충분히 잘 해내요.* 그런 경우에 무심하게 바라만 보는 일은 없어요.

이와 비슷하게 추기경들도 자기들이 어떻게 사도들의 후예가 됐는지를 숙고한다면 그들의 모범을 따라야 할 의무를 지고 있다는 것을 깨닫게 될 거예요. 그리고 자기들은 영적 재산의 주인이 아니라 단지 관리인임을 마음에 깊이 새길 수도 있겠지요. 그 영적 재산에 대해서는 끝전까지 정확하게 계산해야 합니다. 또한 잠시라도 자기들의 복장에 대해서 생각해보고 스스로 이런 질문을 던질 가능성도 있어요. 흰 옷은 최고의 순결함 외에 무슨 의미를 갖는 것일까? 그 안에 입는 자주색 옷도 하느님에 대한 뜨거운 사랑이 아니라면 무슨 의미가 있을까?

---

* '주교'를 의미하는 라틴어 단어 episcopus에는 '감독'이라는 뜻도 있다.

그들이 겉에 입는 외투는 주름이 크게 잡히면서 흘러내려서 가장 존엄한 사제의 노새도 충분히 덮을 수 있고, 낙타 한 마리를 덮기에도 충분할 만큼 크죠. 그런데 그 외투는 모든 사람을 도와주는 무한한 박애를 뜻하는 것이 아닐까요? 그 방법도 가르침, 격려, 위로, 훈계는 물론이고 전쟁을 종결시키는 것, 사악한 군주에 대해 저항하는 것, 재산뿐만 아니라 생명의 피까지도 그리스도의 양들을 위해 아낌없이 바치는 것 등 여러 가지가 있지요.

만약에 그들이 가난한 사람이었던 사도들의 역할을 이어가고자 한다면 재산이 무슨 필요가 있겠어요? 내가 다시 말하지만, 그들이 이런 생각을 깊이 해본다면 지위에 대한 야망을 아예 포기하거나 두말 않고 내던질 거예요. 또는 초창기 사도들이 보여준 고되고 헌신적인 생활을 부지런히 해나갈 것이 틀림없어요.

최고의 사제들, 즉 그리스도의 대리인들에 대해 생각해봅시다. 만약 그들이 그리스도의 가난과 노고, 가르침, 십자가, 그리고 삶에 대한 집착을 버리려는 정신을 닮고자 하고, 아버지를 뜻하는 '교황' 또는 '최고의 거룩함'이라는 칭호에 대해 생각해본다면 지구상에 그들보다 더 불행한 사람이 있겠어요? 누가 그 자리를 사기 위해 모든 재산을 다 써버리기를 원하겠어요? 일단 그 자리를 산 다음에는 칼, 독약, 그리고 갖가지 폭력에 의해서만 그 자리를 지킬 수 있으니 말이에요. 그들이 지혜를 갖게 될 경우 잃게 될 온갖 이익을 생각해보세요.

내가 방금 지혜라고 말했나요? 그게 아니라 그리스도가 말씀하신

소금 한 알*이면 충분하겠죠. 그러면 그들의 모든 부, 명예, 권세, 승리, 관직, 면죄부, 세금, 방종, 모든 말과 노새, 수행원, 그리고 수없이 많은 쾌락이 없어지겠죠. 여러분은 내가 한 불과 몇 마디 말 속에 그 많은 거래와 수확, 그리고 광대한 이익의 바다가 모두 들어 있음을 알 거예요.

이렇게 좋은 것들 대신에 그들은 철야, 단식, 눈물, 기도, 설교, 학습, 한숨, 그리고 대략 천 가지의 힘든 노고를 감수해야 할 거예요. 또한 그러면 어떤 결과가 초래되는지를 지나쳐버릴 수도 없겠네요. 무수히 많은 서기, 필사자, 공증인, 변호사, 비서, 노새몰이꾼, 마부, 주방장, 뚜쟁이…, 이들에 관한 이야기로 여러분의 귀를 괴롭게 하고 싶지는 않기에 보다 부드러운 말을 쓰고 싶네요. 어쨌든 지금 로마 교황청이 '떠맡고 있는' (나는 '명예를 준다'는 뜻으로 이렇게 말한 거예요♠) 이런 사람들이 굶어죽게 될 거예요. 참으로 비인간적이고 끔찍한 일이군요! 더구나 교회의 최고 군주이자 세상의 진실한 빛이라고 하는 교황들 자신이 바랑을 메고 지팡이를 짚고 다니는 생활로 되돌아갈 텐데 이것은 더욱 혐오스러운 일이겠네요.

그런데 오늘의 상황은 어떤가요? 그들은 힘든 일이 있으면 사도 베드로나 사도 바울에게 거의 전가해버리죠. 그 사도들에게는 그런

---

* 《마태복음》 5장 13절에 나오는 다음 구절을 상기시키는 표현이다. "너희는 세상의 소금이다. 그러나 소금이 제 맛을 잃으면 무엇으로 다시 짜게 할 수 있겠느냐?"
♠ '떠맡고 있다(onerat)'는 라틴어 단어와 '명예를 준다(honorat)'는 라틴어 단어의 철자와 발음이 비슷한 점에 착안해 일종의 '말장난'을 한 것이다.

일을 할 여가가 많으니까요. 반면에 모든 화려한 일과 쾌락은 그들 자신이 즐기죠. 결국 내 덕분이긴 하지만, 사실 그들보다 걱정거리를 적게 갖고 살아가는 인간은 거의 없을 거예요. 왜냐하면 그들은 형식적이고 연극 같은 갖가지 전례가 행해질 때 지복, 지존, 지성 등의 칭호를 달고 나와서 축복과 저주를 내리고 감독자 행세만 하면 그리스도를 위해 할 바를 다 했다고 믿거든요.

오늘날의 교황들에게는 기적을 행하는 것이 시대착오요 낡아빠진 일에 불과해요. 사람들을 교화하는 것도 역시 힘만 드는 일이죠. 성서를 해석하는 것은 학자들이 하면 되는 일이고, 기도는 시간낭비일 뿐이죠. 눈물을 흘리는 것은 나약하고 여자 같은 짓이며, 빈곤함은 천한 것이죠. 패배를 겪는 것은 당치도 않은 모욕이고요. 그들은 가장 위대한 군주에게도 자기 발가락에 입을 맞추는 것을 허용한 적이 거의 없으니까요. 마지막으로 덧붙여 말하자면, 그들에게 죽음은 괴로운 일이에요. 더욱이 십자가에 매달려 죽는 것은 불명예일 따름이죠.

그들에게는 사도 바울이 언급한 바 있는 무기들과 달콤한 축복만 남아있네요. 그들은 성직정지나 파문 같은 무기들을 휘두르는 한편 확실히 인심 좋은 손으로 축복도 널리 뿌려요. 파문을 묘사한 끔찍한 그림도 한몫해요. 그런 음울한 '번개'가 있기에 그들은 그저 고개만 끄덕여도 인간의 영혼을 가장 깊은 지옥으로 보내버릴 수 있다고 해요.

그리스도 안에서 살고 그리스도의 대리인이라 할 수 있는 이 거룩한 성직자들은 악마의 부추김을 받아 베드로의 유산을 갉아먹고 줄이려는 사람들에게 가장 격렬한 공격을 퍼부어요. 복음서에는 "우리는 모든 것을 버리고 당신을 따라 나섰습니다"*라고 씌어있어요. 하지만 그들은 토지와 도시, 각종 세금과 부과금, 그리고 권세를 베드로의 유산으로 간주해요. 그들은 그리스도를 향한 열의에 불탄 나머지 그런 것들을 불과 칼로 지키려고 하지요. 적으로 간주되는 사람들을 용감하게 내쫓는 것이 '그리스도의 반려자(신부)'인 교회를 사도들처럼 수호하는 것이라고 믿어요. 그러는 동안에 기독교도의 피가 철철 넘쳐흐를 거예요. 정말로 교회의 가장 치명적인 적은 불경스러운 교황이 아니라는 듯 그들은 행동해요. 오히려 그런 교황들이 침묵함으로써♠ 사람들로 하여금 그리스도를 잊게 만들죠. 뿐만 아니라 잇속만 챙기는 법으로 그리스도를 꽁꽁 묶고, 그리스도의 가르침을 억지해석으로 오염시키고, 더 나아가 추잡한 생활을 함으로써 그리스도를 죽게 만듭니다.

더욱이 그리스도의 교회는 피로 세워지고 피에 의해 강해지고 커

---

* 《마태복음》 19장 27절.

♠ '에라스무스는 여기서 '그리스도의 양들'인 일반 민중을 보호하기 위해 필요할 경우에는 교황을 비롯한 성직자들이 발언과 행동을 해야 한다고 강조하려는 것 같다. 앞에서 성직자의 의무 가운데 하나로 '사악한 군주에 대한 저항'을 꼽은 것도 같은 맥락이다. 프랑스의 계몽사상가 몽테스키외도 《법의 정신》에서 전제군주 체제의 국가에서 군주의 잔혹한 통치를 막을 수 있는 방안의 하나로 성직자의 역할을 꼽았다. 이는 지난날 우리나라의 권위주의 군사정권 아래서 김수환 추기경을 비롯한 성직자들이 한 일을 상기하면 쉽게 이해될 듯하다.

졌다는 이유로 그들은 교회의 문제를 계속 칼로 처리하고 있어요. 마치 그리스도가 사라져서 더 이상 그의 백성을 그의 방식으로 보호할 수가 없다고 생각하는 듯해요.

전쟁은 너무 괴물 같은 것이라서 인간보다는 야수에게나 어울려요. 그것은 너무 광포해서 시인들도 복수의 여신에 의해 저질러지는 것이라고 상상해요.* 또한 너무 치명적이어서 역병처럼 세계를 휩쓸고, 너무 불의한 것이어서 악당 가운데서도 가장 못된 악당이나 잘할 수 있는 거예요. 게다가 너무 불경스러워서 그리스도와 일치되는 구석이라고는 전혀 없어요. 그런데도 교황들은 만사를 제쳐놓고 전쟁 하나에 몰입해버려요. 그럴 때면 노쇠한 노인조차 젊은 시절의 한창때와 같이 활력을 과시하는 모습도 볼 수 있어요. 그들은 돈이 없다고 기가 꺾이지도 않고, 피곤해서 지치는 법도 없어요. 법과 종교, 평화, 그리고 그 밖의 모든 인간사가 완전히 전도되어도 그들은 눈도 깜짝하지 않아요.

게다가 학식 있는 아첨꾼도 결코 부족하지 않아요. 그들은 이렇게 명백한 광기를 열의와 경건, 그리고 용기라는 이름으로 합리화해요. 그들 가운데 어떤 사람은 그리스도의 가르침에 따라 모든 기독교 교인들이 이웃에 대한 박애의 의무를 무시하시 않으면서도 칼을 뽑아 동포의 심장에 찔러 넣을 수 있는 방법은 없을까 하는 것만 생각해요.

---

* 베르길리우스의 《아이네이스》 7권 323~6행 참조.

그런데 나는 아직 잘 모르겠어요. 이런 교황들이 먼저 본을 보여주는 것인지, 아니면 그들이 일부 독일 주교들의 뒤를 따르는 것인지를 말이에요. 일부 독일 주교들은 예배와 축복, 그 밖의 예식을 모두 팽개치고 노골적으로 세속의 왕후장상 행세를 하고 있거든요. 그들이 영혼을 전투의 현장이 아닌 다른 곳에서 하느님에게 바치는 것을 겁쟁이의 행동이자 주교에게 어울리지 않는 행동이라고 믿는 것은 아닐까 걱정이 돼요.

대부분의 성직자들은 상위 직급의 성직자가 세운 거룩함의 기준을 충족시키지 못하는 것은 잘못이라고 믿습니다. 그들은 십일조를 거둘 권리를 위해 칼과 창과 돌을 비롯한 모든 무기를 동원해 훌륭한 군인처럼 전투를 벌여요. 특히 그 가운데 영악한 자들은 고대의 문헌에서 어떤 근거를 찾아내려고 혈안이 되죠. 십일조보다 더 많은 세금을 내는 것이 의무라고 가련한 민중에게 윽박지르기 위한 근거를 말이에요. 민중에 대한 그들의 의무를 일깨워줄 말이 무척 많지만 그들에게는 알 바 아니죠. 성직에 입문한다고 해서 그것이 이 세상의 잡다한 욕망으로부터 벗어나 모든 생각을 하늘나라로 향하도록 일깨워주는 것도 아니에요. 반대로 그런 쾌락적 인간들은 기도만 하면 자신이 해야 할 의무를 다 하는 것이라고 강조해요. 정말로 하느님께서 그런 기도를 들어주거나 이해하실 수 있다면 나는 놀라서 쓰러지고 말 거예요. 그들이 큰소리로 외칠 때에도 그들 자신도 그것을 듣거나 이해하는 일이 거의 없으니까요.

그런데 이런 성직자들이 속세의 사람들과 공유하는 것이 하나 있

어요. 이익을 취하려고 할 때에는 똑같이 촉각을 곤두세운다는 거죠. 그들이 모두 법률에 대해 모르는 것이 결코 아니에요. 그러나 뭔가 떠맡아야 할 부담이 있으면 그들은 그것을 교묘하게 다른 사람에게 떠넘겨버리죠. 마치 공을 손에서 손으로 옮기듯이.

속세의 군주는 자기의 행정적 의무를 대리인에게 떠맡기고, 대리인은 다시 그것을 이 사람 저 사람에게 전가하죠. 마찬가지로 성직자도 어김없이 '겸손한' 태도로 경건에 대한 열의를 평신도에게 미뤄버립니다. 그리고 평신도는 그것을 이른바 교회조직에 속한 사람들에게 떠넘깁니다. 마치 자기는 교회와 인연을 맺은 것이 전혀 없고, 세례를 받을 때 한 맹세도 아무런 의미가 없는 것처럼 말이에요.

'세속성직자'를 자처하는 사람들은 마치 자기는 그리스도에게 헌신하는 사람이 아니라 속세에 헌신하는 사람인 듯이 그 책임을 '정규성직자'에게 떠맡깁니다. 정규성직자는 다시 수도사에게 미루죠. 덜 엄격한 수도사는 더 엄격한 수도사에게 다시 넘기고. 결국 모든 부담이 탁발수도사에게 넘어갑니다. 탁발수도사는 다시 사르트뢰 수도회*의 수도사에게 그 부담을 얹어줍니다. 그래도 그 수도회의 수도사들 사이에는 경건이 숨어 있으니까요. 너무 잘 숨어 있기 때문에 여러분은 그것을 거의 알아보지도 못할 거예요.

---

* 11세기에 성 브뤼노가 세운 수도회. 매우 엄격한 규율을 지키며 묵상하는 생활을 했다고 전해진다.

금전적 이익을 거두는 데 혈안이 된 교황도 같은 방식으로 사도로서의 책무를 주교에게 넘기고, 주교는 교회의 우두머리에게 그것을 미루고, 교회 우두머리는 또 대리자에게 그것을 전가합니다. 대리자는 대리자대로 그 책임을 탁발수도사에게 씌워버립니다. 그런데 탁발수도사는 양털을 깎는 사람의 손에 그것을 넘기죠. 그러나 여기서 교황이나 성직자의 생활을 자세히 언급하는 것은 나의 목적이 아닙니다.

나는 찬사를 말해야 할 때 풍자나 하는 것처럼 비쳐지고 싶지 않아요. 내가 좋은 군주를 비난하고 나쁜 군주를 칭찬한다고 그 누가 생각하는 것도 원치 않아요. 나는 단지 어떤 사람도 나의 가르침에 의해 인도되거나 나의 호의를 받지 못한다면 즐겁게 살 수 없음을 분명히 하기 위해 위와 같은 문제들을 간략하게 짚어봤을 뿐이에요.

람누스의 여신♠을 보세요. 인간의 운명을 지배하는 그 여신은 나와 손발이 잘 맞아요. 그 여신은 자기가 언제나 지혜의 가장 냉혹한 적임을 보여주지 않았나요? 반면에 어리석은 사람들에게는 잠잘 때조차도 모든 은혜를 다 주었지요. 여러분은 티모테우스에 대해 알고 있을 거예요. '잠자는 동안에 물고기가 그물에 들어온다'는 속담도 들었을 거예요. 그리고 '미네르바의 부엉이는 날아오른다'라

♠ 복수의 신인 네메시스 여신을 가리킨다. 밤의 신 닉스의 딸로서 악한 행동을 징벌한다. 이 여신에게 바쳐진 성역이 그리스의 작은 도시 람누스에 있었다.

는 말도 있지요.* 둘 다 티모테우스에게 어울리는 속담이죠.

반대로 현인들에게 알맞은 속담도 있어요. 예를 들자면 '음력 초 나흘에 태어났다', '세야누스의 말을 탄다', '툴루즈의 황금을 가지고 있다'♣ 등의 속담이 그런 것이죠. 속담을 인용하는 것은 이 정도로 하지요. 내가 나의 친구 에라스무스가 쓴 격언집을 훔쳤다고 여러분이 상상할지도 모르니까요.

다시 논의의 요점으로 돌아가겠어요. 운명의 여신은 사려가 깊지 않은 사람을 아끼고 용감한 사람을 사랑하죠. 그리고 "주사위는 던져졌다"♣고 말하기를 좋아하는 사람을 좋아해요. 그러나 지혜의 여신은 사람을 소심하게 만들어요. 결국 현인은 가난과 배고픔, 담배연기에 찌들고 세상 사람들로부터 외면당해 아무런 영광도 없이 혐오의 대상이 된 채 살아갈 수밖에 없어요. 현인의 그런 모습은 여러분도 쉽게 볼 거예요.

반면에 어리석은 자들은 돈을 풍족하게 쓰고 나라일도 좌우해요.

---

* 티모테우스는 기원전 4세기에 아테네의 장군이었고, 이름 자체가 "신의 호의를 받는다"는 뜻을 갖고 있다. 여기서 언급된 두 개의 속담은 행운의 도움을 받아야 일이 잘 풀린다는 의미다. 둘 다 《에라스무스 격언집》에 실렸다. 특히 '미네르바의 부엉이는 날아오른다'는 속담은 독일의 철학자 헤겔이 사용해서 널리 알려졌다.

♣ 셋 다 2세기에 활동한 로마의 수필가 아울루스 겔리우스의 《아티카 야화》 3권에 실린 고사에서 비롯된 말이다. 모두 불행한 운수를 타고났거나 앞날이 불길함을 표현하는 말이며 《에라스무스 격언집》에도 수록됐다.

♣ 로마시대의 명장 율리우스 카이사르가 반란을 일으키기 위해 루비콘 강을 건널 때 한 말이다. 과감한 결단을 상징하는 말로 널리 쓰이고 있다.

요컨대 모든 면에서 잘나가는 거죠. 그들이 군주를 기쁘게 하고 신처럼 보석으로 화려하게 장식하고 내 시종들 사이에서 시간을 보내는 데서 행복을 느낀다면 지혜보다 더 쓸모없는 것이 있겠어요? 이런 사람들에게 지혜 이상으로 비난할 만한 것이 과연 무엇일까요?

부유해지기를 원하면서도 지혜를 따라가는 상인이 있다고 할 때 그가 얼마나 돈벌이를 할 수 있을까요? 그런 사람은 배신에 상처 입고 거짓말을 해야 할 상황에 몰리면 얼굴이 빨개집니다. 도둑질과 고리대금 등에 대해서는 현인처럼 가책을 느낍니다.

재산이나 높은 자리를 동경한다고 해도 당나귀나 들소가 현인보다 그런 것을 더 빨리 얻어낼 겁니다. 모종의 쾌락을 추구하려고 해도 여자들은 대체로 희극의 주역이기에 바보에게 온 마음을 다 바쳐버립니다. 여자들은 반면에 현인을 보면 무서워서 전갈에게서 도망칠 때처럼 재빨리 피해버릴 겁니다.

마지막으로 말하자면, 인생의 향락과 재미를 조금이라도 더 누리고자 하는 사람은 누구나 현인을 멀리하는 반면에 짐승 같은 사람에게는 우호적이죠. 요컨대 여러분이 어디를 둘러봐도 교황이나 군주, 재판관이나 관리는 모두 그가 친구든 적이든, 직위가 높든 낮든 돈만 밝혀요. 그런데 현인은 돈을 경멸하기 때문에 모두가 현인을 어떻게든 피하려고 합니다.

나 자신에 대한 칭찬의 말은 이루 다 헤아릴 수도 없고 끝도 없습니다. 그렇더라도 강연에는 어느 정도 한계가 있어야겠죠? 그래서 나

는 곧 끝내려고 해요. 그렇지만 그러기 전에 저작이나 행동을 통해 나를 좋게 평가해준 위대한 작가가 무수히 많다는 것을 여러분에게 간략하게나마 보여줄 작정이에요. 내가 너무 어리석은 탓에 혼자 자화자찬한다고 비꼬는 말을 듣고 싶지는 않아요. 따지기를 좋아하는 사람들로부터 내가 근거도 없이 떠든다는 비난을 듣고 싶지도 않고요. 그러므로 바로 그런 사람들의 모범을 따라 나도 가능한 한 근거문헌을 제시하려고 해요. 다만 내가 제시하는 것이 요점에 꼭 들어맞지는 않을 수도 있다는 점을 염두에 두서야 해요.

"갖고 있지 않은 것을 갖고 있는 체하는 것이 최선"이라는 격언이 널리 알려져 있죠. 어린이들에게 가르쳐지는 "기회 있을 때 바보짓을 하는 것이 최고의 지혜"라는 시구절*이 바로 여기서 나오기도 했죠. 여러분은 이제 바보 여신이 얼마나 위대한 존재인지를 알고도 남을 거예요. 바보 여신의 그림자를 보고 흉내만 내도 학식 있는 사람들로부터 그토록 칭송을 듣게 되니까요.

에피쿠로스의 포동포동하고 총명한 돼지♠는 우리에게 더욱 솔직하게 권고하죠. 생각을 할 때는 바보스러움을 섞어 넣으라고. 다만 그는 '잠시만'이라는 단서를 달았다는 점에서 그렇게 영리하다고

---

* 디오니시우스 카토의 《2행시집》 2권 18행에 나오는 말이다. 카토에 대해서는 3~4세기에 4권으로 된 《2행시집》을 썼다는 것 외에는 별로 알려진 것이 없다. 그렇지만 그의 《2행시집》은 교훈적인 내용이 많아 중세시대에 유럽 각국에서 어린이용 라틴어 교재로 널리 사용됐다고 한다.

♠ 호라티우스가 《서간시》 1권 4-16에서 자기 자신을 가리켜 한 말이다.

볼 수는 없어요. 그래도 그는 "때때로 어리석은 것은 달콤하다"♣고 말합니다. 그는 또 다른 구절에서는 "현명하고 성질이 급한 것보다는 미친 것 같고 둔해 보이는 것이 더 좋다"†고 했어요.

호메로스도 그의 작품에서 텔레마코스를 칭찬하면서도 때때로 '어리석다'고 했어요.♠ 극작가들은 그런 훌륭한 수식어를 어린이와 청년에게 기꺼이 붙여주죠. 그리고 호메로스의 신성한 시 《일리아스》는 어떤 내용을 담고 있지요? 결국은 어리석은 왕과 백성의 분노에 관한 이야기 아니겠어요? 더욱이 "모든 것은 어리석음으로 가득 차있다"고 한 키케로의 지극한 찬사도 있지요. 좋은 것이 널리 퍼지면 더욱 유익하다는 것을 모르는 사람은 없겠지요?

그러나 이런 작가들도 기독교도들에게는 별로 영향을 주지 못할 거예요. 그러니 필요하다면 나에 대한 예찬을 성서에서 찾아내보겠어요. 학자들이 흔히 하듯이 말이에요. 이에 대해 우선 나는 신학자들에게 동의해주기를 부탁하겠어요.

이제부터 우리가 대단히 어려운 주제를 다룰 텐데 아마도 무사 여신들에게 헬리콘 산에서 내려오라고 요청하기는 곤란하겠네요. 더욱이 그 여신들의 관심사도 아닌 일을 가지고 그들에게 먼 길을 오라고 하는 것은 아무래도 무리겠지요. 이제부터 내가 신학사들과

♣ 호라티우스의 《찬가》 4권 12-28에서 인용한 것이다.
† 호라티우스의 《서간시》 2권 126~7행에서 따온 말이다.
♠ 호메로스의 《오디세이아》 11권 449행.

어울려 매우 험난한 길을 걷는 동안 잠시 소르본*을 떠나 내 마음에 둥지를 틀어달라고 스코투스의 영혼에게 요청해야겠어요. 그렇지만 고슴도치보다 가시가 더 많은 그 영혼은 원하는 곳으로 곧 다시 떠나도 좋아요. 아니면 까마귀에게 달려가도 좋아요.

나는 그저 내 얼굴을 바꾸고 신학자의 복장을 할 수만 있으면 좋겠어요. 다만 내가 신학 적인 장식물을 너무 많이 달고 있으면 누군가가 나를 도둑으로 오해해서 우리 신학자들의 상자를 몰래 훔쳤다고 비난할지도 모르겠네요. 그렇지만 나는 신학자들과 오랫동안 친밀한 관계를 가졌으니 신학에 관해 조금 얻어들은 것이 있다고 해서 놀랄 일은 아니죠. 무화과의 신 프리아포스는 자기 주인이 책을 읽는 것을 유심히 듣고 그리스어 몇 마디를 기억했어요.♠ 루키아노스의 수탉도 단지 사람들과 오랫동안 친하게 지냈을 뿐인데도 인간의 말을 다 이해할 수 있게 됐어요.

예감이 좋으니 이제 본격적으로 시작해보죠. 《전도서》 1장에는 "바보의 수는 무한하다"†고 씌어 있어요. 무한하다고 한 것은 내가

---

* 소르본 대학을 가리킨다. 소르본 대학은 13세기에 로베르 드 소르본 신부가 가난한 신학생을 위해 세운 학교로 출발해 유럽 신학연구의 중심이 됐다. 그렇지만 비판적인 신학이론과 종교개혁에 대한 반대파의 아성이 되기도 했다.
♠ 호라티우스의 《풍자시》 1권 1~8편에 실린 내용이다. 바로 뒤에 이어지는 문장은 루키아노스의 《수탉》에 나오는 내용이다. 둘 다 '서당개 3년이면 풍월을 읊는다'는 우리말 속담과 비슷한 의미를 갖고 있다.
† 《전도서》의 1장에 이와 똑같은 말은 없다. 다만 그 1장 15절에 "구부러진 것은 펼 수 없고, 없는 것을 셀 수는 없다"는 말이 있다.

한 번이라도 만난 적이 있는지가 확실하지 않은 일부 소수만 제외하고 모든 인류를 다 바보로 여기는 말인 것 같군요.

《예레미야》 10장에는 더 분명하게 씌어 있죠. 거기에는 "모든 사람은 자신의 지혜 때문에 바보가 된다"*고 씌어 있어요. 오직 하느님의 지혜만 인정하고, 어리석음은 모든 인간에게 돌리는 거죠. 그보다 조금 앞에는 "인간은 자신의 지혜를 뽐내지 말라"♣고 씌어 있어요. 그런데 친애하는 예레미야여, 왜 사람은 자신의 지혜로 영광을 누려서는 안 되나요? 그 대답은 간단해요. 사람은 지혜를 갖고 있지 않기 때문이에요.

《전도서》로 다시 돌아가 봅시다. 거기에는 "헛되고 헛되고 모든 것이 헛되도다"†라는 외침이 나와요. 그 말은 인간의 삶이 어리석음의 놀이 외에 아무것도 아니라고 한 내 말과 다른 무엇을 의미할 거라고 여러분은 상상하세요? 그것은 말하자면 키케로의 찬사에 동의의 표시인 흰 조약돌 하나를 보탠 거예요. 내가 앞에서 인용한 "세상은 바보로 가득 차있다"는 말이 정당하게 축복을 받은 셈이죠.

《집회서》에는 "바보는 달처럼 변하고 현인은 태양처럼 꿋꿋하

---

* 《예레미야》 10장에 이와 일치하는 구절은 없다. 다만 10장 7~8절에 이와 비슷한 표현은 있다. "세계만방 모든 민족 가운데 누가 야훼만큼 지혜롭겠습니까? 사람들은 하나같이 우둔하고 미련하여 나무로 만든 장승에게서 가르침을 받습니다."
♣ 《예레미야》 9장 23절.
† 《전도서》 1장 2절.

다"♣고 씌어 있어요. 그 의미는 분명히 모든 인류는 어리석고, 지혜롭다는 수식어는 오직 신에게만 적용된다는 것이죠. 인간의 본성은 달로 표상되고, 모든 빛의 원천인 신은 태양으로 상징됐으니까요. 이것은 복음서에 씌어 있는 대로 "오직 하느님 한 분을 제외하고는 그 누구도 선하다고 할 수 없다"♤는 그리스도의 말씀에서도 확인됩니다. 그런데 스토아학파가 말하듯이 지혜롭지 않은 자는 어리석고 선한 자는 누구나 지혜롭다면, 필연적으로 모든 사람은 바보 여신의 지배를 받게 되는 셈입니다.

솔로몬도 《잠언》 15장에서 "어리석음은 바보들에게는 기쁨"이라고 이야기하죠.♧ 그것은 분명히 인생에 어리석음이 없다면 아무것도 즐거울 수 없음을 인정한 것이죠. 《전도서》에도 비슷한 구절이 있어요. "지식을 늘리는 사람은 슬픔을 키우고, 많은 지각 속에는 많은 노여움도 깃들어 있다"고.†† 그 유명한 설교자는 또한 7장에서 같은 생각을 명시적으로 표현했어요. "현인의 마음은 슬픔의 집이요, 어리석은 사람의 마음은 기쁨의 집"이라고.✠ 다시 말해 나를 알

♣ 《집회서》 27장 11절.

♤ 《마태복음》 19장 17절.

♧ 《잠언》 15장 21절. "속없는 자는 어리석은 일을 좋아하고 현명한 사람은 똑바로 걸어간다."

†† 《전도서》 1장 18절. "지혜가 많으면 괴로운 일도 많고 아는 것이 많으면 걱정도 많아지는 법이다."

✠ 《전도서》 7장 4절. "지혜로운 사람은 마음이 초상집에 가 있고 어리석은 사람은 마음이 잔칫집에 있다."

지 않고는 지혜를 연마해도 완전히 터득할 수 없다는 거죠. 여러분이 내가 하는 말을 믿지 못하겠다면 여기 그 자신의 말이 있으니 직접 보세요. 그 책 1장에 "나는 지혜와 학식을 배우고, 또한 미망과 어리석음을 배우는 데 나의 마음을 주었노라"*는 구절이 있어요. 《전도서》가 이렇게 바보 여신을 예찬했을 뿐만 아니라 더 나아가 그 이름을 마지막에 둔 것에 유의해야 해요. 여러분도 아시다시피 그것은 교회의 질서에 따른 거예요. 교회의 질서는 가장 높은 지위에 있는 사람이 가장 끝자리에 앉는 것이죠.♠ 이것은 확실히 복음서의 가르침을 상기시켜요.

어리석음이 지혜보다 우위에 있다는 것은 《집회서》 44장에 선명하게 표현돼 있어요.† 그렇지만 나는 그런 말을 먼저 인용하지는 않을 거예요. 여러분이 나의 귀납추론을 돕는다는 의미에서 적절하게 대답해주기를 기대해요. 마치 플라톤의 대화편에서 소크라테스와 토론하는 사람들처럼 말이에요.

어느 것을 감추는 것이 더 좋을까요? 귀하고 가치 있는 것일까요, 아니면 평범하고 값싼 것일까요? 여러분은 왜 침묵하죠? 여러분이 무

---

* 《전도서》 1장 17절. "어떻게 사는 것이 지혜로운 일인지, 어떻게 사는 것이 어리석고 얼빠진 일인지 알아보려고 무척 애써보았지만⋯."
♠ 《마태복음》 19장 30절. "첫째였다가 꼴찌가 되고 꼴찌였다가 첫째가 되는 사람이 많을 것이다."
† 《집회서》 44장에 이와 일치하는 표현은 없다. 단지 그 41장 15절과 20장 31절에 "자기의 어리석음을 감추는 사람이 자기의 지혜를 감추는 사람보다 더 슬기롭다"는 문장이 있다.

지함을 가장할지라도 '물독은 문 밖에 내놓는다'는 그리스의 격언이 여러분을 대신해서 대답해줄 거예요. 누구든 이 말을 불경스럽게 되뇌어서는 안 됩니다. 이 말은 우리 선생님들의 신으로 받들어지는 아리스토텔레스도 인용했으니까요.*

여러분 가운데 금이나 보석을 길거리에 내버려둘 만큼 어리석은 사람이 있나요? 아무도 없을 거라고 나는 확신해요. 여러분은 그런 것은 집의 가장 깊숙한 곳에 숨겨둘 거예요. 가장 굳게 잠근 금고의 가장 깊은 구석에 감춰둘 것이 틀림없어요. 진흙은 길거리에 내버려두겠지요. 만약에 귀한 것이 감춰지고 가치 없는 것이 노출된다면 귀한 것을 감추지 못하게 하는 지혜는 귀한 것을 숨겨두라고 명령하는 어리석음보다 가치가 없다는 것이 명백하지 않은가요? 그 증거가 되는 구절을 제시할 테니 잘 들어보세요. "어리석음을 감추는 사람이 지혜를 감추는 사람보다 낫다."♠

또 성서가 어째서 마음의 정직함을 어리석은 자의 속성이라고 하는지도 생각해보세요. 반면에 현인은 자기와 동등한 사람은 아무도 없다고 생각하지요. 《전도서》 10장에는 "거리를 따라 걷는 바보는 자신이 어리석기 때문에 세상 모든 사람이 바보라고 생각한다"고 씌어 있어요.† 그러니 모든 사람이 자기와 같다고 생각하고 다른

---

* 아리스토텔레스의 《수사학》 1권 6장에 "문턱에 이르러 물독을 깬다"는 말이 실려 있다.
♠ 《집회서》 20장 31절.
† 《전도서》 10장 3절에 이와 비슷한 문장이 나온다. "사람이 어리석으면 만사에 생각이 모자라 입만 열면 제 어리석음을 드러낸다."

사람들과 찬사를 주고받는 것은 특별한 정직성을 보여주는 것이라고 여러분은 생각하지 않습니까? 어차피 모두가 자기 자신에 대해 남들보다 우월하다고 생각하는 세상이니까요.

그래서 위대한 솔로몬 왕도 어리석은 자라는 이름으로 불리는 것을 부끄러워하지 않았어요. 그는 《잠언》 30장에 이렇게 썼죠. "나는 사람들 가운데 가장 어리석은 사람"*이라고. 이방인들의 교사였던 사도 바울은 고린토인에게 보낸 서간에서 바보라는 이름을 받아들이는 데 전혀 주저함이 없었어요. 그는 "나는 바보로서 말합니다. 나는 더 바보입니다"라고 했어요.♠ 마치 어리석음이 다른 사람들보다 덜하면 불명예나 되는 듯이 말이에요.

그러나 이 시점에 그리스풍 학자들의 외침이 들리네요. 그들은 까마귀 눈을 쪼아대듯이 오늘날 신학자들의 눈을 쪼아대는 데 열중하고 있어요. 그러면서 자기들의 해석으로 다른 사람들의 해석을 연기처럼 덮고 있어요. 이런 이들 가운데 첫 번째 자리는 아니지만 두 번째 자리는 나의 친구 에라스무스의 것이에요. 나는 때때로 경의를 담아 그의 이름을 불러주고 있어요. 그들은 외치고 있어요. 바보

---

* 《잠언》 30장 2~3절. "나는 사람의 슬기조차 갖추지 못해 다른 사람에 견주면 짐승이다. 나는 지혜도 못 배웠고, 거룩하신 분을 아는 지식도 깨치지 못했다."
♠ 《고린토 후서》 11장에는 사도 바울이 자기가 어리석은 사람으로 여겨지더라도 이해해달라는 말이 몇 차례 나온다. 그러나 본문의 인용문과 정확하게 일치하는 구절은 없다. 가장 근접한 말은 11장 23절에 나오는 이런 문장이다. "그들이 그리스도의 일꾼입니까? 미친 사람의 말 같겠지만 사실 나는 그리스도의 일꾼으로서는 그들보다 낫습니다."

여신에게나 어울리는 말을 인용하는 것은 어리석은 일이라고! 사도 바울이 말씀하신 뜻은 여러분이 상상하는 것과는 엄청나게 다르다는 거예요.

바울이 한 말은 그 자신이 다른 사람보다 더 어리석은 사람으로 간주돼야 함을 뜻하는 것이 아니라고 그들은 주장해요. 바울은 자신을 다른 사람들과 같은 반열에 두고는 스스로 자랑스러워하는 듯이 "그들은 그리스도의 대리인이요, 나도 마찬가지"라고 썼다가 "나는 더"라는 말을 가필했다는 거예요. 자신은 다른 사도들과 똑같이 복음서의 대리인일 뿐만 아니라 그들보다 상당히 더 우월하다고 느꼈다는 설명입니다.

사도 바울은 진실한 사람으로 여겨지기를 원했어요. 결코 다른 사람의 귀에 거슬리는 교만한 말을 하지 않으려고 애썼어요. 그는 자기가 바보임을 내세워 반대론을 피해 가려고 했어요. 그래서 "나는 지혜롭지 않은 자로서 말한다"라고 했던 거예요. 남을 불쾌하게 만들지 않으면서 말하는 것이야말로 어리석은 사람의 특권이니까요.

사도 바울이 이런 말을 했을 때 무엇을 의도했는지는 학자라는 사람들의 논란에 맡기겠어요. 나로서는 몸이 크고 뚱뚱하지만 대중적으로 높은 평가를 받는 신학자들을 따르겠어요. 그런데 제우스 신에게 맹세하건대 대부분의 학자들은 그런 신학자들과 마찬가지로 3개의 외국어[†]에 능통하지만 올바르게 생각하는 것보다 오류에

[†] 그리스어, 라틴어, 히브리어를 말한다.

빠져드는 것을 더 좋아해요.

그런 신학자들 가운데 아무도 여러분의 그리스풍 학자들을 갈까마귀 이상으로 생각하지 않아요. 특히 유명해진 어떤 신학자가 바울의 말에 대해 대스승답게, 그리고 대학자다운 어법으로 설명했어요. 그 신학자의 이름을 나는 거론하지 않을 거예요. 우리의 갈까마귀들이 '리라를 타는 당나귀'에 관한 그리스의 고사성어를 얼른 꺼내어 그것을 가지고 그를 비꼴 테니까요.

그 신학자는 "나는 지혜롭지 않은 자로서 말합니다. 나는 더 큰 바보입니다"라는 바울의 말로 시작해서 최고의 논증술까지 동원해가며 저서의 새로운 장을 엽니다. 그러고는 다음과 같은 해석을 제시합니다. 나는 그가 한 말을 형식과 내용 모두 그대로 인용하겠습니다. "내가 바보로서 말한다는 것은 내가 가짜 사도들과 같다고 하면 조금 바보로 보이겠지만 내가 그들보다 낫다고 하면 더한 바보로 보일 것이라는 뜻이다." 그러나 그는 조금 후에는 자기가 한 말을 잊어버린 듯이 다른 주제로 넘어갑니다.

그런데 내가 왜 단 하나의 문장에 매달려 씨름하고 있는지 모르겠네요. 하늘나라를 늘여 펼치는 것, 즉 성서를 가죽처럼 주물럭거려 늘여 펼치는 것은 신학자들의 공인된 특권인데 말이죠. 사도 바울의 말이 성서에 씌어진 것과 모순되는 대목도 있긴 해요. 그렇지만 그 맥락을 자세히 들여다보면 아무런 모순도 없어요.

다섯 가지 언어에 통달한 성 히에로니무스*를 믿는다면, 사도 바

* 4~5세기에 활동한 성직자이자 수도자. 성서 연구와 번역에 힘썼고, 특히 라틴어 성서 《불가타》를 완성했다.

울은 아테네에 있는 한 제단에 새겨져 있는 어떤 글귀를 우연히 보고 그것을 기독교 신앙에 어울리게 고쳤답니다. 그는 그 글귀에서 자기 입장을 곤란하게 할 말은 모두 빼고 마지막 두 개의 단어 'IGNOTO DEO(알려지지 않은 신에게)' 만 남겨 놓았죠. 그런데 이것은 원문을 상당히 수정한 거예요. 왜냐하면 그 문구 전체는 '아시아, 유럽, 아프리카의 신에게. 알려지지 않은 외국의 신에게' 였으니까요.

그의 이런 행위는 오늘날 우리 '신학의 아들' 들이 네 개나 다섯 개의 단어를 골라 전혀 다른 맥락으로 사용하는 행위의 선례라고 나는 믿어요. 그들은 필요하다면 목적에 꿰맞추기 위해 그 의미까지 뒤틀어버리죠. 그 앞이나 뒤에 나오는 구절이 전혀 어울리지 않고 사실상 모순되더라도 개의치 않아요. 그들이 이런 일을 별다른 주의 없이 너무나도 무분별하게 하다 보니 때때로 법률 전문가들로부터 질시를 받기도 해요.

그들의 행태가 어느 정도인지는 한 위대한 신학자의 예를 보면 알 수 있어요. 그 신학자는 《누가복음》에서 어떤 한 문장을 끄집어내어 사용했는데, 그 문장은 예수 그리스도의 정신과는 불과 물처럼 서로 통하기 어려운 것이에요. 그 '위대한' 신학자의 이름을 입 밖에 낼 뻔했는데, 저 그리스 속담*이 막아주었어요.

---

* 앞에서 소개된 '리라를 타는 당나귀' 라는 표현과 관련된 속담을 가리킨다.

가장 위험한 순간이 다가오면 충성스러운 수하들은 주군의 주위에 몰려들지요. 그리고 동원할 수 있는 모든 자원을 동원해 싸움을 벌이죠. 그러나 예수 그리스도는 제자들의 마음에서 그렇게 보호에 의존하려는 태도를 없애려고 했어요. 그래서 제자들을 아무것도 가진 것이 없는 상태로 세상에 내보내면서 부족한 것이 있느냐고 물었어요. 그때 제자들은 가시나 돌로 인해 상처를 입지 않도록 발을 보호해줄 신발도, 배고픔을 해결해줄 가방도 갖고 있지 않았어요.

그런데도 제자들은 부족한 것이 없다고 대답했고, 예수는 이렇게 말씀하셨어요. "지갑이나 가방을 갖고 있는 사람은 그것을 없애버리고, 칼을 갖고 있지 않은 사람은 속두루마기를 팔아서 그것을 하나 사라."* 그리스도의 가르침은 결국 온유함과 인내심을 갖고 삶에 대한 집착을 버리라는 것이죠. 예수의 이 말씀이 갖는 의미를 알아듣지 못할 사람이 어디 있겠어요?

그리스도는 세상에 내보낸 제자들이 '비폭력'의 자세를 견지하기를 더욱 강력하게 원하셨어요. 그래서 제자들이 신발과 가방을 버릴 뿐만 아니라 속두루마기도 처분하고 맨몸이 된 상태로 온전한 마음으로 복음을 전파하는 사명을 실천하기를 바랐던 거죠. 칼 외에는 아무런 무장도 하지 말기를 희망하셨어요. 그런데 그 칼은 도둑이나 살인자의 칼이 아니에요. 영혼의 칼이죠. 가슴의 가장 깊숙

---

* 《누가복음》 22장 35~36절.

한 곳으로 들어가서 부질없는 정념을 단숨에 날려버리고 마음속에 경건함만 남겨두는 칼이에요.

그런데 이제 우리의 저명한 신학자가 이 가르침을 어떻게 왜곡하는지를 가만히 살펴보세요. 그는 칼을 박해에 대한 방어수단으로 해석해요. 가방은 양식을 충분히 확보한다는 의미라고 풀이하죠. 마치 그리스도가 복음 전파를 위해 파견하는 제자들이 왕족 수준의 준비물을 갖추지 못한 모습을 보고는 그때까지의 자세를 버리고 종전의 가르침을 취소하기라도 한 듯이 말이에요. 그 신학자의 말에 따르면 그리스도가 마치 그 전에 한 말을 모두 잊어버린 것 같아요. 그리스도는 제자들에게 이르기를 모욕당하고 욕먹고 박해당할 때 축복받을 것이라고 했어요. 축복받는 마음은 온순한 마음이지 싸움을 좋아하는 마음이 아니라면서 악에 대해서도 저항하지 말라고 했어요. 또 그리스도는 제자들에게 참새와 백합의 경우를 생각해보라고 권했어요.♠ 그런데 그 신학자의 말을 들어보면 그리스도가 자기 제자들이 칼 없이 세상에 나가는 것을 보기 싫어한 듯해요. 그리고 그들에게 속두루마기를 팔아서 칼을 사도록 명하고, 무기 없이 가기보다는 차라리 벗은 채로 가라고 이른 듯한 느낌을 줍니다.

더욱이 그 신학사의 사고방식으로는 '칼'은 박해에 저항하는 데 도움이 되는 모든 것을 뜻하고, '주머니'에는 모든 종류의 생활필수품이 포함됩니다. 하느님의 마음을 헤아린다고 주장하는 그 신학자

♠ 《누가복음》 12장 23~27절.

는 사도들이 십자가에 못박힌 분에 대한 믿음을 전파하러 갈 때 창, 석궁, 투석기, 쇠뇌 같은 무기를 갖추었다고 풀이합니다. 그는 또한 사도들이 언제나 잘 먹고 여관을 떠나기 위해 금고와 여행가방과 꾸러미를 가지고 다녔다고 설명하기도 합니다. 그는 예수 그리스도가 한때 칼을 사라고 말했지만 곧 후회하면서 칼을 칼집에 다시 넣을 것을 명했다는 사실*에 대해서도 모르는 체합니다.

그런데 사도들이 이교도의 공격에 맞서 칼과 방패를 사용했다는 이야기를 나는 들어본 적이 없어요. 만약 그리스도가 우리의 해석자들이 말하는 바와 같은 의도를 가졌다면 사도들이 그것을 사용했을 텐데 말이에요.

소개할 만한 신학자가 또 하나 있습니다. 그의 이름은 예의상 밝히지 않겠지만, 그가 무명의 인물인 것은 결코 아닙니다. 그는 성 바르톨로메오♠의 벗겨진 살가죽에 관해 말하기 위해 성서 하바쿡 편에 있는 "미디아 땅의 천막이 벗겨질 것"†이라는 구절을 끄집어냈습니다.

나는 가끔 신학토론 모임에 참석합니다. 최근에도 한 모임에 갔습니다. 거기서 한 사람이 이단자를 논리로 반박하기보다는 화형에

---

* 《요한복음》 18장 11절, 《마태복음》 26장 52절.
♠ 예수의 열두 제자 가운데 한 사람. 아르메니아에서 선교하다가 붙잡혀 산 채로 살가죽이 벗겨져 순교한 것으로 전해진다.
† 구약 《하바쿡》 3장 7절에 다음과 같이 적혀 있다. "나는 쿠산의 천막들이 환난을 당하고 미디아 땅의 천막 휘장들이 흔들리는 것을 보았다." 살가죽과 천막의 라틴어 표기는 똑같이 pellis다.

처할 수 있는 근거가 성서에 있느냐고 물었습니다. 그러자 눈썹만 봐도 신학자임을 알 것 같은 준엄한 표정의 노인이 분개해서 말하더군요. 사도 바울이 "이단에 물든 사람은 첫 번째, 두 번째 훈계를 해본 뒤 피하라(devita)"*는 말로 그런 규칙을 세웠다고요. 그는 이 구절을 큰소리로 되풀이 외쳐댔습니다. 그래서 그 자리에 있던 대부분의 참석자들이 놀라서 그 사람에게 무슨 일이 일어난 것 아니냐고 궁금해 했습니다. 그는 마침내 이단자는 삶에서 격리돼야(de vita tollendum)♠ 한다고 주장했습니다. 그러자 어떤 사람이 웃었습니다. 허구가 신학의 탈을 쓰고 말을 한다고 평가하는 사람도 없지 않았습니다. 많은 사람들이 웅성거리며 각자 자신의 주장을 표출하자, 그들의 표현에 따르면 '테네도스에서 온 법률가' 라고 불리는 그 사람, 즉 '우리의 논박할 수 없는 권위자' 는 이렇게 말을 이어갔습니다. "주목하시오. 성서에는 악행을 저지르는 마법사나 마녀는 살아 있도록 용인돼서는 안 된다고 씌어 있소.† 모든 이단자는 악

---

* 《디도에게 보낸 편지》 3장 10절.
♠ devita를 de vita로 바꿔서 의미를 전혀 다르게 해석한 경우다. 단어의 철자나 발음이 비슷한 것을 이용해 재치 있는 표현을 하는 것은 동서고금을 통해 흔히 있는 일이다. 이 책에도 몇 차례 등장한다. 그렇지만 이 경우는 재치를 넘어 의미를 완전히 왜곡한 사례의 전형이라고 할 수 있겠다.
† 구약 《신명기》 13장 5절에 "그런 예언자나 꿈으로 점치는 사람은 죽여야 한다"는 말이 나온다. 여기서 에라스무스는 성서의 구절을 그대로 해석하면 마법을 행하는 사람들만 사형의 대상이 되는 것이지 단순히 '이단적'인 신앙을 갖고 있는 사람들은 사형의 대상이 될 수 없음을 주장한 것으로 볼 수 있겠다. 성서의 구절을 함부로 확대해석해서는 안 됨을 역설한 셈이다.

행을 저지르는 마법사나 마녀입니다. 그러므로…"

그 말을 들은 사람은 모두 그 사람의 논리적 능력과 사고방식에 놀란 듯했습니다. 그러고는 신발을 신고 자리를 떴습니다. 성서의 그 구절이 요술을 부리는 사람이나 마법사, 마녀에게 적용된다는 생각은 그 자리에 있던 사람들 가운데 누구도 하지 못했습니다. 마법사와 마녀는 히브리어로 '메카셰핌'이라고 합니다. 이 말을 원래의 의미 그대로 적용하지 않는다면 간음을 한 자나 술꾼에게도 그 구절이 무차별하게 적용될 겁니다.

그러나 예를 일일이 다 드는 것은 어리석은 짓이겠죠. 그런 사례는 너무나 많아서 크리시푸스와 디디무스♣의 책조차도 그것을 다 담지 못할 테니까요. 나는 다만 그 거룩한 학자들에게 베풀어진 너그러움을 상기시켜드리고 싶어요. 그러므로 무화과나무와 같은 이 여신학자♠가 인용한 것이 완전히 정확하지는 않더라도 '골통 신학자'들에게 베푼 너그러움을 나에게도 베풀어주기를 바라요.

이제 다시 사도 바울에게 돌아가겠습니다. 바울은 자신에 대해 설명하면서 "여러분은 바보를 기꺼이 받아들여야 한다"고 말한 다음

♣ 크리시푸스는 기원전 3세기에 활동한 스토아 철학자이고, 디디무스는 로마의 아우구스투스 황제 시기에 알렉산드리아에서 활동한 문예비평가이자 문법학자다. 두 사람 다 엄청나게 많은 책을 썼다고 한다.
♠ 바보 여신 자신을 지칭하는 말이다.

에 "나를 바보로 받아들여달라"고 말합니다. 또 다른 곳에서는 "나는 하느님의 뜻에 따라 말하지 않고 마치 바보인양 이야기합니다"*라고 말합니다. 어디선가는 "우리는 그리스도를 위한 바보"♠라고 말하기도 했습니다.

이것은 위대한 권위자가 어리석음에 바친 최고의 찬사입니다. 더욱이 그는 어리석음이 구원을 위해서는 우선적으로 필요한 것임을 공개적으로 앞장서서 주창합니다. "여러분 가운데 현명하다고 여겨지는 사람이 진실로 현명하기 위해서는 바보가 돼야 합니다."†

《누가복음》을 보면, 예수는 엠마우스에 갈 때 동행한 두 제자에게 어리석다고 말씀하셨습니다. 내가 보기에 그것은 전혀 놀라운 일이 아닙니다. 사도 바울은 어리석음이 하느님으로부터 유래한다고 했어요. 바울은 "하느님의 어리석음은 사람보다 현명하다"고

---

* 이런 말들이 나오는 대목 전체를 《고린토 후서》 11장 16~19절에서 인용하면 다음과 같다. "거듭 말해두지만 나를 어리석은 사람이라고 생각하지는 마십시오. 만일 어리석은 사람이라고 생각되거든 그런 사람으로 쳐주어도 좋습니다. 그러면 나는 어리석은 사람으로서 좀 자랑을 할 수 있겠습니다. 물론 내가 지금 하는 말은 주님의 명령을 받고 하는 말은 아닙니다. 이렇게 장담하며 자랑하는 것은 내가 어리석어서 하는 짓입니다. 그러나 많은 사람들이 속된 것들을 가지고 자랑을 하고 있으니 나도 자랑해보겠습니다. 그 어리석은 사람들을 그렇게도 잘 받아주시니 여러분은 어지간히도 똑똑합니다." 이는 대한성서공회에서 1989년에 발행한 《공동번역 성서》(12판)에서 옮겨온 것이다. 아래의 여러 주석에 나오는 성서 구절의 출처도 같다.
♠ 《고린토 전서》 4장 10절. "우리는 그리스도를 위하여 바보가 되었고 여러분은 그리스도를 믿어 현명한 사람이 되었습니다."
† 《고린토 전서》 3장 19절.

말했습니다.* 오리게노스♠는 "우리가 하느님의 어리석음을 인간의 의견에 의거해 설명할 수는 없다"고 말했습니다. 이는 우리가 "십자가의 말씀은 사멸하는 인간에게는 어리석은 소리"라고 설명하는 것과 꼭 같은 이치입니다.†

그런데 내가 이 모든 증거들을 대기 위해 왜 이런 헛고생을 해야 하죠? 《시편》에 나와 있는 대로 "당신은 저의 어리석음을 알고 계십니다"♤라고 그리스도가 하느님 아버지에게 공개적으로 말한 바 있는데 말이에요. 어리석은 사람은 하느님에게 언제나 커다란 기쁨을 드렸다는 것도 공연한 말이 아닙니다.

위대한 군주들이 너무 현명한 사람은 적대시하고 경계하고 의심의 눈으로 본 것도 바로 이 때문입니다. 율리우스 카이사르도 술에 취한 안토니우스는 두려워하지 않았지만 부루투스와 카시우스는 의심했어요.♣ 네로 황제는 세네카에 대해 의심의 눈초리를 거두지 않았고, 디오니시오스 역시 플라톤을 경원했지요. 그들은 반대로

---

* 《고린토 전서》 1장 25절. "하느님께서 하시는 일이 사람의 눈에는 어리석어 보이지만 사람들이 하는 일보다 지혜롭고, 하느님의 힘이 사람의 눈에는 약하게 보이지만 사람의 힘보다 강합니다."
♠ 2세기에 알렉산드리아에서 활동한 신학자. 초기 기독교의 가장 중요한 신학자로 꼽힌다.
† 《고린토 전서》 1장 18절. "멸망할 사람들에게는 십자가의 이치가 한낱 어리석은 생각에 불과하지만 구원받을 우리에게는 그것이 곧 하느님의 힘입니다."
♤ 《시편》 68장 6절.
♣ 《플루타르코스 영웅전》의 '카이사르' 편에 나와 있는 내용이다.

둔하고 단순한 사람들은 반겼습니다.

이와 똑같이 그리스도는 자기 자신의 지혜를 지나치게 믿는 현인들을 언제나 싫어하고 비판했습니다. 사도 바울도 결코 애매하지 않은 말로 "하느님은 세계의 어리석은 것들을 선택했다"고 증언합니다. 또 "하느님이 보시기에 세상은 어리석음을 통해서만 구원될 수 있다"는 말도 했습니다.♧ 하느님도 지혜로는 세상을 구원할 수는 없었기 때문이죠. 하느님 자신이 이 점을 명백히 해두었습니다. 하느님은 예언자의 입을 통해 "나는 지혜로운 자의 지혜를 파괴하고 사려분별 있는 자의 사려분별을 거부한다"††고 못박았지요. 그리스도는 구원의 신비가 지혜로운 자에게는 감춰지고 어린이, 즉 어리석은 자들에게는 드러나는 것에 대해 감사하셨지요.♰ 어린이에 해당하는 그리스어 낱말(nepiois)은 '지혜롭다(sophos)'라는 낱말의 반대말입니다.

복음서에도 이와 관련된 구절들이 있어요. 복음서를 보면 그리스도는 바리새인과 율법학자와 법률학자들을 나무랍니다. 반면에 무지한 대중은 온몸을 다해 지켜줬어요. "너희 율법학자와 바리새인들에게 불행이 닥칠 것"♥이라는 말은 다른 뜻이 아니라 "너희 현인

♧ 사도 바울의 이 두 가지 말은 《고린토 전서》에 나와 있다. 앞의 인용문은 1장 27절, 뒤의 인용문은 1장 21절에 나온다.
†† 《고린토 전서》 1장 19절.
♰ 《누가복음》 10장 21절.
♥ 《누가복음》 11장 42절.

들에게 불행이 닥칠 것"이라는 뜻이 아닐까요?

그러나 그리스도는 어린이와 여성, 그리고 어부들에게서 특별한 기쁨을 느꼈어요. 예수에게 가장 큰 즐거움을 선사한 짐승은 여우의 교활함과는 가장 거리가 먼 동물이었고요. 예수는 마음만 먹으면 사자도 안전하게 탈 수 있었지만 당나귀를 타는 것을 더 좋아했어요. 성령도 독수리나 소리개가 아니라 비둘기의 모습으로 내려왔어요. 그리고 성서 전체에 걸쳐 사슴, 노새, 어린 양에 관한 이야기가 자주 나오지요.

더욱이 그리스도는 영원한 생명을 얻을 사람을 양*이라고 불렀습니다. 세상에 그처럼 어리석은 동물은 없는데도 말입니다. 아리스토텔레스의 격언 같은 표현에도 '양 같은 성질'이라는 말이 있습니다. 그 말은 양의 우둔함에 빗대는 표현이고, 둔하고 어리석은 사람을 조롱하는 용어로 사용되죠. 그리스도는 자신을 그런 양들의 목자라고 선언했고, 자신도 어린 양의 이름으로 불리는 데서 기쁨을 느꼈습니다. 성 요한도 "하느님의 어린 양을 보라"♠라는 표현을 사용했는데, 이 말은 《요한 묵시록》에도 여러 번 등장합니다.

이런 모든 것은 결국 인간이란 모두 어리석은 존재라는 것 외에 무엇을 의미하겠습니까? 그리스도 역시 하느님 아버지의 지혜 속

---

* 《요한복음》 10장 1~27절.
♠ 《요한복음》 1장 29절.

에 있지만 인간의 어리석음을 돕기 위해 스스로 어리석은 존재가 됐습니다. 인간의 본성을 가지고 인간의 모습으로 세상에 태어났을 때 그랬습니다. 그것은 인간을 죄로부터 구원하기 위해 죄를 대신 짊어진 것†과 같은 이치입니다. 그리스도는 오직 '십자가의 어리석음'과 단순하고 무지한 사도들을 통해 인간을 구원하기를 원했습니다. 그렇기에 사도들을 향해 끊임없이 어리석음을 설교한 것입니다.

그리스도는 사도들에게 어린이와 백합과 겨자씨와 작은 참새의 예를 들어 지혜를 멀리하라고 가르쳤습니다. 이런 것들은 어리석고 지각이 없으며 오로지 자연적인 본성에 따르면서 어떤 술수도 근심도 없이 살아갑니다. 그리스도는 또 사도들에게 총독의 추궁에 어떻게 답해야 하는지를 걱정하지 말라♤고 명하고, 때와 시절을 알려고 애쓰지 말라♣고 일렀습니다. 두말할 나위 없이 사도들이 그들 자신의 지혜를 믿지 말고 그리스도 자신만을 온전히 믿기를 바랐기 때문입니다.

세상의 창조자인 하느님이 인간에게 지식의 나무 열매를 먹지 말라♧고 명한 것도 이런 이치로 설명됩니다. 지식이 행복에 독소가 될 것 같았기 때문이죠. 그래서 사도 바울도 지식은 기만을 쌓고 영

---

† 《고린토 후서》 5장 21절.
♤ 《마가복음》 13장 11절.
♣ 《사도행전》 1장 7절.
♧ 《창세기》 2장 17절.

혼을 해치는 것*이라고 말하며 노골적으로 경계했지요. 그리고 악마가 자기의 자리라고 하여 쌓은 산을 성 베르나르도가 '지식의 산'이라고 불렀을 때에도 역시 같은 생각에서 그랬으리라고 나는 생각해요.

결코 놓쳐서는 안 될 증거가 하나 있어요. 하느님의 은총은 어리석음에 내린다는 게 그것입니다. 은총이 내려야만 죄를 용서받을 수 있는데, 현명한 사람은 절대로 용서받지 못합니다. 그래서 사람이 용서를 구하는 기도를 할 때 비록 완전히 알고서 죄를 지었다고 하더라도 어리석음을 핑계로 내세우는 겁니다.

내 기억이 맞는다면, 아론도 누이를 처벌하지 말라는 탄원을 이런 방식으로 했어요. 《민수기》를 보면 아론이 "우리의 지도자여, 우리의 죄를 처벌하지 말아줄 것을 간청합니다. 우리가 어리석어서 죄를 저지른 것이니까요"라고 말했어요.♠ 사울도 다윗에게 잘못을 용서해달라고 청원할 때 "내가 어리석어서 잘못한 것이 분명하다"라고 말했습니다.

다윗 자신도 같은 방식으로 하느님의 노여움을 누그러뜨리려고 시도합니다. 다윗은 "오 주여, 당신 종의 죄를 없애주시기를 간청합니다. 왜냐하면 저는 어리석게 행동했으니까요"라고 말했죠. 마치

---

* 《고린토 전서》 8장 1절. "지식은 사람을 교만하게 만듭니다. 사람을 향상시켜 주는 것은 사랑입니다."
♠ 《민수기》 12장 11절.

어리석음과 무지를 내세우지 않고는 용서를 받을 수 없는 것처럼.

더욱 감동적인 것은 그리스도가 십자가에 매달린 상태에서도 자신을 십자가에 못박은 자들을 위해 기도하는 대목입니다. 그리스도는 "아버지시여, 저들을 용서하소서"라고 기원합니다. 그리고 그들의 무지 외에는 다른 어떤 변명도 제시하지 않습니다. "저들은 자신들이 하는 짓을 모르고 있으니까요"*라고 했을 뿐입니다. 사도 바울도 같은 요지로 쓴 편지를 디모테오에게 보냅니다. "저는 믿음이 없어서가 아니라 무지해서 행동했기 때문에 하느님의 자비를 받게 됐다"고요. 무지했다는 말에는 악의는 없이 어리석게 행동했다는 것 외에 다른 뜻은 없겠지요? 그리고 사도 바울이 자비를 베풀어달라고 이야기할 때 변명거리로 어리석음을 내세울 수 없었다면 자비를 받지 못했을 것임을 뜻하는 것이겠지요?

저 신비로운 《시편》의 저자는 "나의 젊음과 나의 무지에서 비롯된 죄를 기억하지 마소서"♣라고 탄원합니다. 그 저자의 이름은 잘 떠오르지 않지만, 어쨌든 그는 우리를 대신해서 이런 것을 쓴 셈입니다. 여러분은 그가 내세우는 변명이 나이와 무지 두 가지라는 것을 알 겁니다. 나는 젊은이에게 한결같은 벗이에요. 또 무지의 모습은 헤아릴 수 없이 많아서† 바보 여신이 가진 큰 힘을 보여주고 있어요.

한없이 이야기할 수는 없을 테니 이쯤에서 정리해서 말해야겠네요. 기독교는 어떤 형태로든 어리석음과 일종의 혈연관계를 맺고 있는

게 분명해요. 그렇지만 지혜와는 거의 관계가 없어요. 여러분이 그 증거를 원하신다면 첫째로, 어린이와 노인, 여성과 바보가 성스럽고 거룩한 것에서 가장 큰 즐거움을 얻는다는 사실을 생각해보세요. 그래서 이런 사람들은 언제나 제단 가까이에 있는 것을 볼 수 있는데, 오직 그들의 자연스런 본성에 의해 그곳으로 인도된 것이 틀림없어요.

둘째로, 신앙의 토대를 세운 위대한 인물들은 단순함을 무척 소중하게 생각한 반면에 학식에는 아주 냉담한 적의 태도를 취했음을 여러분은 알 수 있을 겁니다. 마지막으로, 뭐니 뭐니 해도 가장 큰 바보는 그리스도의 경건함에 대한 열정에 완전히 사로잡힌 사람들인 것 같아요.

그런 사람들은 가진 재산을 모두 날리고 모욕을 당해도 상관하지 않고 사기를 당해도 참죠. 친구와 적에 아무런 구분을 두지 않고 쾌락을 피합니다. 단식과 철야, 눈물과 고행과 굴욕을 견뎌냅니다. 삶을 경멸하고 오로지 죽음만을 갈망합니다. 요컨대 그들은 인간의 모든 정상적인 느낌을 잃은 거나 다름없어요. 마치 영혼이 육체 바깥의 어딘가에 살고 있는 것 같지요.

✱ 《누가복음》 23장 34절.
♠ 《시편》 25장 7절.
† 영국의 철학자 프랜시스 베이컨과 프랑스의 사상가 몽테뉴도 무지에 관해 비슷한 의미의 말을 남겼다. 베이컨은 《학문의 진보》에서 "무지는 여러 가지로 변장한다"고 했고, 몽테뉴는 《수상록》에서 "진실의 반대쪽은 무수한 모습과 무한한 영역을 가지고 있다"고 했다.

그런 것이 광기가 아니면 무엇이겠습니까? 그러므로 우리는 사도들이 술에 취했다고 생각되거나* 총독 페스토가 사도 바울을 미친 사람이라고 판정했다♣고 해도 놀랄 필요가 없습니다.

그런데 내가 일단 사자가죽을 뒤집어썼으니† 여러분에게 또 하나를 가르쳐드려야겠습니다. 기독교도가 그렇게 많은 노고를 기울여가며 추구하는 행복이란 일종의 광기와 어리석음 외에 아무것도 아닙니다. 말에 현혹되지 마시고 실상을 생각해보세요.

첫째, 기독교도는 플라톤 철학과 같은 생각을 갖게 됩니다. 영혼은 육체의 속박에 묶여 있고 그 육체를 둘러싼 추잡한 물질이 영혼이 본래의 모습을 숙고하고 즐기지 못하게 가로막는다는 생각 말입니다. 또한 플라톤은 철학이란 죽음을 위한 준비라고 생각했습니다. 철학은 정신을 눈에 보이는 육체의 속박에서 벗어나게 해주니까요. 그것은 죽음의 작용과 똑같은 것이지요.♤

육체에 있는 기관들을 영혼이 적절하게 사용하면 그 영혼은 온전하다는 말을 듣습니다. 그러나 영혼이 감옥에서 사슬을 끊고 탈

---

* 《사도행전》 2장 13절.
♣ 《사도행전》 26장 24절.
† 이는 중요한 과제를 떠맡게 됐다는 뜻이다.
♤ 플라톤의 저서 가운데서는 《파이돈》에서 죽음의 의미가 집중적으로 다뤄지고 있다. 《파이돈》에 나오는 소크라테스의 말 가운데 이런 것이 있다. "우리는 그것(죽음)을 혼이 몸에서 벗어나는 것 이외의 다른 것이 아니라고 믿고 있는 게지? 그리고 이것이 죽음이라고, 즉 몸은 몸대로 혼에서 떨어져 나와 그것 자체로만 있게 되고 혼은 혼대로 몸에서 떨어져 나와 그것 자체로만 있는 것이라고 믿고 있는 게지?" 16세기에 활동한 프랑스의 사상가 몽테뉴도 《수상록》에서 이와 비슷한 취지의 말을 한다.

출을 꾀하듯이 자유를 얻으려고 한다면 사람들은 이런 경우를 두고 광기라고 부릅니다. 만약에 이런 일이 질병이나 어떤 기관의 결함에 의해 발생한다면 그것을 광기라고 부르는 데 누구나 동의합니다.

그런데 광기에 빠진 사람이 미래를 예언하고, 그동안 배우지도 않은 언어와 학문에 관한 지식을 보여주며, 자기에게 깃든 신적인 것을 확실하게 드러내는 모습을 봅니다. 어떻게 이런 일이 일어나는지를 이해하는 것은 어렵지 않습니다. 그들의 영혼이 육신에 의한 오염으로부터 자유로워져서 본래의 힘을 발휘하기 때문이죠. 사람이 죽음에 임박해 신음할 때 이와 비슷한 일이 일어납니다. 그래서 그런 사람은 마치 영감을 받은 사람처럼 평범하지 않은 것을 말합니다.

이런 일이 경건한 열정을 통해 일어난다면 그것은 앞에서 말한 것과 똑같은 종류의 광기라고 할 수 없을지도 모릅니다. 그런데 그것은 그런 광기와 너무나 닮아 보이기 때문에 대부분의 사람들은 그것을 똑같은 단순한 광기라고 생각합니다. 특히 보통 사람들 가운데 인생을 사는 방식이 그렇게 완전히 다른 특별한 사람들은 그 수가 극히 적기 때문에 그와 같은 혼동을 하기가 더욱 쉽습니다.

또한 플라톤의 저서에 나오는 우화와 크게 다르지 않은 일이 그런 사람들에게 일어나는 것 같습니다. 그 우화에서 동굴에 갇힌 사람들은 그림자만 보아도 놀랍니다. 반면에 동굴에서 벗어났다가 되돌아간 사람은 동굴 속에 있는 사람들에게 말합니다. 자기는 실제 세계를 보았으며, 그들 자신의 보잘것없는 그림자 외에는 아무것도 존재하지 않는다고 믿는 그들이 잘못 생각하는 것이라고 말입니다. 올바른 이해를 하게 된 그 사람은 동굴 속의 동료들에게 연민을 느끼고, 환상에 빠져 있는 그들의 광기를 안타까워합니다. 그러나 동굴 속에 있는 사람들은 도리어 그가 미쳤다면서 비웃고는 그를 내쫓아버립니다.

이와 마찬가지로 대부분의 사람들은 오로지 육신의 것만 숭배하고 육신만이 존재한다고 믿습니다. 반면에 경건한 사람들은 육신에 관계된 일은 모두 경멸하고 온 마음을 기울여 보이지 않는 것을 관조하고자 합니다.

보통 사람들은 부유함을 우선순위에 두고 육신의 안락을 그 다음으로 중요한 것으로 여깁니다. 그리고 영혼은 마지막 순위에 둡니다. 더욱이 대부분의 사람들은 영혼이 존재하지 않는다고 믿습니다. 그것은 눈에 보이지 않으니까요. 이와 대조적으로 경건한 사람들은 먼저 모든 존재 가운데 가장 순수한 존재인 하느님에게 모든 것을 바치고, 이어 하느님과 가장 가까운 것, 즉 영혼을 향합니다.

그들은 육신에 대해서는 아무 생각도 없습니다. 돈도 빈껍데기로 보고 경멸하면서 피해버립니다. 만약에 그들이 그런 종류의 일을 처리해야 할 상황이 되면 마지못해 혐오감을 갖고 합니다. 가지고 있던 것을 가지고 있지 않은 듯이 행동하고, 수중에 들어온 것을 수

중에 들어오지 않은 듯이 행동합니다.*

이런 일에도 정도의 차이가 큽니다. 우선, 모든 감각이 육신과 밀접한 관계에 있지만 그 가운데 상대적으로 더 그래서 거친 것들이 있습니다. 촉각, 청각, 시각, 후각, 미각 같은 것이 그런 것들입니다. 그 밖의 다른 감각들은 육신과의 관계가 다소 약합니다. 이를테면 기억, 지식, 의지 같은 것들이 그렇습니다. 그러므로 영혼이 힘을 발휘할수록 그 힘이 커집니다.

그런데 경건한 영혼의 모든 힘은 거친 감각에서 가장 먼 쪽을 향하므로 거친 감각은 무뎌지고 마비되다시피 합니다. 우리가 듣기로 여러 성인들에게 일어난 사건, 예를 들어 기름을 포도주로 잘못 알고 마신 것과 같은 사건도 바로 이 때문에 일어난 것입니다. 물론 속된 대중은 반대쪽을 향하므로 거친 감각은 열심히 기르지만 영혼에 가까운 감각은 거의 도야하지 않습니다.

또한 영혼의 정념 가운데 어떤 것들, 이를테면 성욕, 음식과 수면에 대한 갈망, 분노, 교만, 시기 등은 육신의 원초적 본성과 밀접한 관계를 가지고 있습니다. 그렇지만 경건한 사람들은 이런 본성과 끊임없이 전쟁을 벌입니다. 그러나 속된 대중은 그런 본성이나 욕

---

* 《고린토 전서》 7장 29~30절에 나와 있는 다음과 같은 구절을 참고하면 좋을 듯하다. "이제부터는 아내가 있는 사람은 아내가 없는 사람처럼 살고, 슬픔이 있는 사람은 슬픔이 없는 사람처럼 지내고, 기쁜 일이 있는 사람은 기쁜 일이 없는 사람처럼 살고, 물건을 산 사람은 그 물건이 자기 것이 아닌 것처럼 생각하고, 세상과 거래하는 사람은 세상과 거래하지 않는 사람처럼 살아야 합니다."

망 없이는 삶 자체가 있을 수 없다고 생각합니다.

그런데 우리가 중간적 애정이라고 일컫는 것도 있습니다. 그것은 외견상 모든 사람에게 자연스러운 것으로 보입니다. 이를테면 조국에 대한 사랑, 자식과 부모 사이나 친구와 친구 사이의 애정이 그렇습니다. 속된 대중은 이런 것에 많은 공을 들이죠. 그러나 경건한 사람들은 이런 것도 영혼에서 되도록 배제하려고 애씁니다. 아니면 적어도 영혼의 가장 높은 곳으로 승화시키려고 노력합니다. 그들은 아버지를 아버지로서 사랑하는 것이 아닙니다. 아버지가 자신의 육신을 태어나게 해주기는 했지만 아버지 역시 하느님 덕분에 태어난 존재라는 이유에서입니다. 그들은 오히려 아버지를 선한 사람으로서, 또한 최고선으로 불리는 가장 높은 정신의 형상이 투영된 존재로서 사랑하기를 원합니다. 그런 것이 아니라면 사랑할 것도, 추구할 것도 없다고 스스로 다짐합니다. 이것이 바로 그들이 인생의 모든 의무에 대해 판단하는 원칙입니다. 그러므로 눈에 보이는 것이 모두 다 완전한 경멸의 대상이 되는 것은 아니지만 눈에 보이지 않는 것에 비해서는 낮게 평가됩니다.

그들은 또한 성찬식에 참여하거나 종교적 의무를 이행하는 과정에서도 육신과 영혼이 함께 한다고 말합니다. 예를 들어 그들은 단식에 대해서도 그저 고기와 한 끼 식사를 참는 정도라면 대수로운 것이 아니라고 생각합니다. 속된 신도들에게는 이런 것이 단식의 절대적인 본질이지만 그들에게는 단식을 통해 정념도 줄이고 분노와 교만도 약화시키는 것이 중요합니다. 그렇게 해서 영혼이 육신의 부담을 덜고 하늘나라의 축복을 맛보고 즐기기를 희구합니다.

성찬의 경우에도 똑같습니다. 성찬의 의식이 무시돼서는 안 된다고 그들은 말합니다. 그러나 영적인 요소가 동반되지 않는 한 그것 자체는 아무런 도움도 되지 않고 오히려 해로울 수도 있다고 보는 것입니다. 그것은 그리스도의 죽음을 상징합니다. 인간은 육신의 정념을 정복하고 근절하고 무덤에 가둬서 그리스도의 죽음이 갖는 의미를 되살리고 새로운 삶으로 거듭나야 합니다. 그 새로운 삶 속에서 그리스도와 일치를 이루어 결합할 수 있는 것입니다. 바로 이것이 경건한 사람들이 행동하고 생각하는 방식이요 목적입니다.

반면에 속된 신도들에게는 미사성제란 단지 제단에 되도록 가깝게 접근해서 말소리를 듣고 갖가지 전례의식을 자세히 들여다보는 것 이상의 의미가 없습니다. 나는 이것을 단지 하나의 예로 들었을 뿐입니다. 사실 경건한 사람들은 한평생에 걸쳐 육신의 일로부터 물러나서 영원하고 보이지 않으며 영적인 것을 향해 갑니다.

그러므로 이런 두 부류의 사람들은 모든 면에서 서로 극명하게 어긋납니다. 그리고 서로에 대해 미쳤다고 생각합니다. 그런데 내 생각으로는 그 말은 속된 사람들보다는 경건한 사람들에게 더 어울리는 것 같습니다.

내가 약속한 대로 경건한 인간에게 주어지는 최고의 보상은 광기임을 간략하게 입증한다면 내가 말한 것이 좀더 분명해질 것입니다.

우선 플라톤이 어떻게 생각했는지를 알아봅시다. 그는 "사랑을 하는 사람의 광기가 모든 광기 가운데 가장 행복한 것"이라고 썼을 때 비슷한 몽상에 젖어 있었습니다. 열렬한 사랑을 하는 사람은 자기 자신이 아닌 사랑의 대상 속에서 살고, 자기 자신으로부터 떠나서 사랑의 대상 속으로 옮겨갑니다. 그럴수록 그는 더 큰 환희를 느낍니다.*

그런데 영혼이 몸에서 떠나려고 몸의 기관들을 정상적으로 사용하기를 그만둘 때 그것은 당연히 광기에 빠진 상태라고 여러분은 말할 겁니다. 널리 사용되는 표현들, 이를테면 "정신이 나갔다", "정신 차려라", "제 정신으로 돌아왔나?" 등의 표현이 뜻하는 바도 바로 이것입니다. 더 나아가 사랑이 완전해질수록 광기와 행복이 더 커집니다.

그렇다면 모든 경건한 영혼이 그토록 갈망하는 천상의 삶이란 과연 어떤 삶이겠습니까? 거기에서는 영혼이 더욱 강해져서 육신을 정복하고 흡수할 것입니다. 살아가는 과정에서 이런 변용에 대비해 이미 육신을 정화하고 약화시켰다면 그렇게 되기가 더 쉽습니다. 또 영혼은 무한한 힘을 가진 최고의 정신에 흡수됩니다.

그리고 어떤 사람이 그 자신의 바깥에 있고 그렇게 바깥에 있다는 바로 그 이유 때문에 행복할 때 그 사람은 모든 것을 끌어당기는 최고선에 의해 형언할 수 없는 행복을 얻게 될 것입니다.

---

* 플라톤의 《파이드로스》 245b 참조.

영혼이 다시 종전의 육신을 회복하고서도 불멸성을 부여받을 때에 이런 완전한 행복에 도달할 수 있다고는 하지만, 그렇더라도 경건한 사람에게 지상에서의 삶은 또 다른 삶에 대한 관조와 그 그림자일 뿐입니다. 다만 그들은 때때로 앞으로 다가올 보상을 미리 맛보고 그 향기를 느낄 수 있습니다.

그것은 영원한 행복의 샘에 비교하면 작디작은 방울에 지나지 않습니다. 그렇지만 그것은 육신의 모든 즐거움을 훨씬 압도합니다. 사멸할 인간의 모든 즐거움을 하나로 뭉쳐놓은 것보다도 큽니다. 그러므로 영적인 것은 육신의 것보다 우월하고, 보이지 않는 것은 보이는 것보다 더 큰 가치를 지닙니다. 예언자도 분명히 이렇게 약속했어요. "눈은 보지 못하고 귀는 듣지 못 했노라. 하느님께서 당신을 사랑하는 사람들을 위해 준비해둔 것들은 사람들의 마음속에 들어가지 않았노라."* 그것은 바로 어리석음입니다. 어리석음은 삶의 변용에 의해 없어지는 것이 아니라 오히려 완전해집니다.

이런 것을 미리 느끼도록 허락받는 사람들은 극소수이지만 그들은 광기와 매우 유사한 것을 경험합니다. 그들은 조리도 없이 부자연스럽게 말하고, 알아들을 수도 없는 소리를 내며, 얼굴표정이 갑자기 바뀝니다. 어느 때는 열을 올리다가도 다음 순간에는 침울해집니다. 울다가 웃다가 한숨짓습니다. 요컨대 그들은 진실로 자기

---

* 《이사야》 64장 3~4절.

자신으로부터 떠나 있는 것입니다.

그러고 나서 다시 제 모습으로 돌아왔을 때 그들은 자기가 그 동안 어디에 있었는지를 모른다고 말합니다. 몸 안에 있었는지 아니면 몸 바깥에 있었는지, 깨어 있었는지 아니면 잠들어 있었는지도 모른다고 합니다. 그들은 듣거나 보거나 말하거나 행한 것을 기억하지 못합니다. 그들은 안개 속에 꿈꾸는 것처럼 있었을 뿐입니다.

다만 그들은 제 정신이 아니었을 때 자기가 가장 행복했다는 것은 압니다. 그리고 제 정신으로 돌아온 것을 애석하게 여깁니다. 그들은 그런 광기가 영원히 계속되기만을 원하기 때문입니다. 그것은 다가올 행복을 살짝 맛본 것입니다.

그런데 나는 내가 누구인지를 한참동안 잊고 분수를 넘어버렸군요. 내가 말한 것이 혹시 경솔하거나 장황하다고 생각한다면 강연자가 바보 여신이자 한 여자였음을 상기해주기 바랍니다. 또한 '바보도 때로는 적절한 말을 한다'는 그리스 속담을 잊지 마세요. 물론 여러분은 이 속담이 여자에게는 적용되지 않는다고 생각하지 않겠죠? 저는 여러분 모두가 결론을 학수고대하고 있다는 것을 알아요. 그렇지만 내가 여러 가지 이야기를 그토록 많이 하고 나서도 그것을 다 기억할 수 있다고 생각한다면 너무 어리석은 일이에요.

오래된 속담에 "나는 기억력이 좋은 술꾼을 미워한다"는 말이 있어요. 나는 거기에 새로운 것을 보태고자 해요. "나는 기억력이 좋은 청중을 미워한다."

 이제 작별하겠어요. 손뼉치고, 행복하게 살아가고, 즐겁게 마시세요.* 여러분은 바보 여신의 탁월한 수제자들이니까요.

---

* 《전도서》 9장 7절에 있는 "네 몫의 음식을 먹으며 즐기고 술을 마시며 기뻐하라"라는 구절을 연상시킨다.

옮긴이의 후기

누가 나에게 '내 인생의 책'이 무엇이냐고 묻는다면 나는 주저 없이 에라스무스의 이《바보 여신의 바보 예찬》을 꼽는다. 20년 가까운 세월 동안 나의 삶을 이끌어왔기 때문이다. 특히 나를 문학과 지식의 산인 파르나소스 산으로 이끌고 가서 그 산의 샘물을 마시게 해주었다.《바보 여신의 바보 예찬》을 통해 '파르나소스 산의 샘물'을 마신 나는 그 뒤로 그리스와 로마 시대의 작품들을 열심히 찾아 읽었다. 이 작품에는 그리스·로마의 고전과 고사가 풍부하게 담겨 있기 때문이다. 단순한 지식이 아니라 그 바탕에 흐르는 정신이 살아 있다. 에라스무스는 고전과 고사에 관한 지식을 자신의 시대상황에 맞게 적절히 적용하면서 참된 지혜를 추구한 것이다.

내가 이 책을 처음 읽은 것은 1995년쯤이었다. 그때부터 나는 그리스·로마의 신화, 역사, 철학, 문학 등의 고전을 꾸준히 탐독했다. 나의 이런 편력은 서양 고전 전체로 확대되면서 20년 가까이 계속됐다. 눈이 오나 비가 오나 멈추지 않았다. 그러므로《바보 여신의 바보 예찬》은 나에게 저 하늘의 태양만큼이나 은혜로운 작품이다.

에라스무스(Desiderius Erasmus)는 네덜란드의 로테르담에서 출생했다. 그가 태어난 해에 대해 1466년설과 1469년설 등 두 가지 설이 있다. 태어난 해가 불명확한 것은 그가 사생아였기 때문이라는 것이 정설이다. 당시는 르네상스와 인문주의가 한창 꽃피는 한편 로마 가톨릭 교회의 악폐와 타락에 대한 비판의식도 점차 커지던 시기였다. 이런 시대상황 속에서 태어난 에라스무스는 수도사학교와 수도원에 들어가 공부했다. 그는 특히 그리스어와 라틴어로 씌어진 고전을 깊이 있게 공부하며 인문주의자로서의 소양을 키워나갔다. 그 덕분에 그는 가톨릭 사제로 서품을 받은 뒤에도 사제로서의 업무를 면제받고 계속 공부할 수 있게 됐다. 그는 파리대학에서 공부한 뒤 영국으로 건너가 토머스 모어와 존 콜렛 등의 인문주의자들과 사귀었다. 그리고 1500년에 그리스와 로마 시대의 고전에서 가려낸 격언들을 모아 《에라스무스 격언집》을 펴냈고, 이 저서로 큰 명성을 얻게 됐다. 그는 이탈리아에서 1506년부터 3년간 지낸 뒤 다시 영국으로 건너갔고, 이때 토머스 모어의 집에 머무르면서 바로 이 《바보 여신의 바보 예찬》을 집필했다. 《바보 여신의 바보 예찬》은 1511년에 파리에서 처음 출판되어 큰 반향을 일으켰다. 1516년에는 그리스어판 신약성서를 출판하고 《그리스도 군주의 교육》, 《아동교육론》 등을 써냈다.

에라스무스는 1517년에 루터에 의해 촉발된 종교개혁의 소용돌이 속에서 중립의 입장을 고수했다. 루터로부터 종교개혁의 대열에 합류하라는 권유를 받았지만 받아들이지 않았다. 과격한 언동보다는 관용과 평화가 더 소중하다고 믿었기 때문이다. 당시의 시대상황에서 루터의 종교개혁 요구는 분명 용기 있는 행동이었지만, 이에 맞서 중립의 태도를 보여준 에라스무스 역시 용기를 발휘했다고 아니 할 수 없다. 그는 그 뒤로 가톨릭 진영과 종교개혁 진영 양쪽으로부터 동시에 소외되어 다소 쓸쓸한 여생을 보낸 것으로 전해진다.

내가 에라스무스에게 관심을 갖게 된 또 하나의 이유는 그가 보여준 중용의 태도였다. 그는 당시 로마 가톨릭 교회의 성직자와 수도사들의 부패를 통렬하게 비판하면서도 가톨릭교를 배반하지는 않았다. 로마 가톨릭 교회의 부패와 악습, 반대자에 대한 무자비한 박해, 신도들의 미신 등에 대한 비판은 추상같았지만 루터처럼 가톨릭 교회에 완전히 등을 돌리지는 않았다. 오히려 1524년에는 《자유의지론》을 써서 인간의 자유의지를 부인하는 루터를 정면으로 반박하고 그와 치열한 논쟁을 벌이기도 했다.

사실 '비판은 하되 배반은 하지 않는 것'은 쉽지 않다. 세이렌의 유혹으로부터 벗어나는 것만큼이나 어려운 일이다. 한쪽으로부터는 박해와 수난의 위협을 받고, 다른 한쪽으로부터는 기회주의자니 회색분자니 하는 낙인이 찍히기 일쑤다. 때문에 중용의 자세를 지키는 사람은 남다른 고뇌와 갈등을 피해 갈 수 없다. 세상에서 잊히거나 수난과 몰락의 운명을 감수해야 한다. 중용의 길을 걸은 인물 가운데 소크라테스와 토마스 모어는 사형당했고, 에라스무스는 가톨릭과 프로테스탄트 양쪽으로부터 비판과 의심을 받았다. 소크라테스는 친지들로부터 탈옥하라는 권유를 받았지만 뿌리쳤다. 백범 김구는 암살당했다. 이렇듯 어느 쪽으로든 치우친 노선을 배격하고 중용의 길을 선택하는 것은 가시밭길을 예약하는 것이나 다름없다. 어찌 보면 이것은 생각이 깊은 사람들 모두의 숙명일지도 모른다.

에라스무스가 양쪽으로부터 외면당할 위험을 감수하면서 중용의 길을 가기로 한 것은 무엇보다 진실에 입각해 생각하고 살아가려는 자세 때문이었다고 생각된다. 에라스무스가 인류에게 남겨준 이 불후의 명작도 바로 진실을 소중히 여기는 그런 그의 정신이 탄생시킨 것이다. 그러므로 에라스무스는 진실에 어긋나는 행위에 대해 통렬한 비판을 서슴지 않는다. 그렇지만 그 비판은 서슬 퍼런 직설보다는 재치 있는 풍자와 해학을 통해 이뤄진다. 서릿발 같은 비판이기는 하지만 웃음을 동반한다.

　이런 비판을 통해 에라스무스가 강조하고자 한 것은 진실한 믿음, 진실한 자애심, 진실한 의무수행이었다. 에라스무스가 보기에 군주를 비롯한 귀족들은 백성의 평안한 삶을 가장 우선적으로 생각해야 한다. 그리고 교황과 주교를 비롯한 성직자들은 하느님으로부터 받은 엄중한 책무를 갖고 있다. 즉 그들은 신도들의 삶과 영혼을 돌보는 일에 충실해야 한다. 이런 책무는 그 어떤 예식이나 장식보다도 우선돼야 한다. 그러려면 성직자들은 때로는 목숨까지 걸어야 하며, 일신의 안일함을 추구해서는 안 된다. 그것은 물론 힘들고 어려운 일이다. 그렇지만 성직에 들어선 이상 그런 책무에 충실해야 하는 것이다.

그런데 에라스무스가 보기에 당시의 성직자와 세속의 왕후장상은 겉모양의 화려함과 재물과 쾌락을 탐했다. 에라스무스에게 혐오감을 주기에 충분했다. 더욱이 교리와 믿음의 차이를 이유로 박해를 자행하고 속세의 이익을 차지하기 위해 전쟁까지 서슴지 않는 모습은 에라스무스에게 어쩌면 절망을 느끼게 했을지도 모른다. 속세의 군주와 귀족, 법률가 등의 권세가나 문인, 문법학자 등도 모두 위선 덩어리였다. 허황된 칭호와 놀이에만 빠져서 높은 신분에 수반되는 책임은 내팽개치고 있었다. 그러므로 그런 거짓과 위선의 늪에서 벗어나 모두가 진실한 믿음과 진실한 책임의식을 갖기를 에라스무스는 희구한 것이다.

에라스무스는 일반 민중의 삶도 풍자의 대상으로 삼았다. 일반 민중도 미신과 미망에 빠져 있었기 때문이다. 하지만 민중에 대한 그의 풍자에는 아량과 애정이 담겨 있다. 물론 민중의 삶이 상당부분 거짓과 자기기만, 오도된 믿음으로 점철돼있기는 하다. 하지만 이는 위선에서 비롯되는 것이 아니다. 다만 조금이라도 즐겁고 편안하게 살아보려고 하는 과정일 뿐이다. 그런 까닭에 에라스무스는 익살과 해학을 동원해 민중의 삶을 그려나간다.

그렇지만 민중에게도 에라스무스는 분명한 메시지를 보내고 싶어 했다. 참된 행복은 거짓된 신앙이나 미신, 권세가에 대한 맹목적인 추종, 분수를 모르는 탐욕과 미망에 있는 것이 아니다. 자신에게 주어진 위치에서 타고난 본성에 충실하면서 가족이나 이웃과 함께 진실하게 살아가는 것이 행복임을 에라스무스는 강조하고 싶어 했다.

에라스무스가 이 책을 쓰게 된 것은 분명히 당시의 시대상황 때문이었다. 특히 당시 교황청을 비롯한 로마 가톨릭 교회의 모습은 에라스무스가 이 책에서 묘사했듯이 어떤 형태로든지 개혁되지 않으면 안 될 상태였다. 위로는 위선과 교만, 쾌락 등 온갖 악덕이 난무하고 있었고, 그 결과로 일반 신도와 민중의 삶은 피폐해졌다. 봉건 영주의 착취와 가렴주구에 성직자들의 위선까지 더해졌으니 일반 신도와 민중의 삶이 얼마나 고단했을까? 그러니 그들이 기댈 언덕이라고는 미신밖에 없었다고 해도 과언이 아닐 것이다. 또한 종교적으로는 독선이 지배하고 있었기에 관용의 정신은 설 자리가 없었다. 툭하면 종교재판이요 어차히면 화형으로 '이단자'를 단죄했다. 게다가 국가간 전쟁도 끊임없이 일어나 일반 민중의 생활터전을 황폐하게 만들곤 했다. 그러니 에라스무스처럼 인간과 신에게 충실하려고 하는 사람은 얼마나 큰 심적 고통과 비애를 느꼈을까?

에라스무스는 이탈리아에 체류할 때 직접 보고 체험한 것에서 큰 영향을 받은 듯하다. 그는 1506년에 이탈리아를 방문해 거기서 3년 동안 머무르면서 '봐서는 안 될 것들'을 참으로 많이 목격했다. 마치 세속의 군주처럼 영토 확장을 위한 전쟁이나 벌이고 개선행진까지 하는 교황, 곤궁한 농민들로부터 십일조 세금을 악착같이 걷어가는 교회의 관리…….

이런 모습을 보고 나서 1509년에 영국으로 건너간 에라스무스는 토마스 모어의 집에 머물면서 불과 1주일 만에 이 책을 집필한 것으로 전해진다. 사실과 진실에 충실하면 글이란 저절로 나오는 법이다. 굳이 잘 쓰려고 애쓰지 않아도 진실이 대신 써주게 된다. 에라스무스에게는 오랜 기간 그리스·로마의 고전을 깊이 있게 연구해서 얻은 학식 외에 이탈리아에서 생생하게 겪은 체험도 있었다. 이런 그의 학식과 체험은 그가 일필휘지(一筆揮之)로 이 책을 쓰는 데 부족함이 없었을 것이다.

에라스무스가 진실과 함께 소중히 여긴 또 하나는 인간의 행복이었다. 지구상에 살고 있는 사람들 모두가 사멸할 운명을 지니고 태어났지만 살아있는 동안에는 행복하기를 에라스무스는 기원했다. 그렇기에 이 《바보 여신의 바보 예찬》은 인간이 어떻게 하면 진정한 행복을 얻을 수 있는지를 성찰해보도록 독자를 이끌어준다. 에라스무스가 생각하기에 무조건 이치를 따지고, 모든 것을 기억하고, 무엇이든 엄격하게 하는 것은 행복으로 가는 길이 아니다. 반대로 아첨, 자기사랑, 망각 등과 같이 얼핏 어리석어 보이는 것들도 사실은 인간의 행복을 위해 필요한 덕목이다. 한마디로 넉넉한 아량과 마음의 여유가 있어야 한다. 특히 자기 자신과 화합해야 한다. 그래야만 이웃이나 친지와도 화합하면서 즐겁게 살아갈 수가 있는 것이다.

"자기 자신을 미워하는 사람이 그 누구를 사랑할 수 있나요? 자신과 불화를 겪는 사람이 다른 사람과 화합할 수 있을까요?"

바로 이것이 에라스무스가 제시하는 '인간 행복의 조건'이다. 내가 보기에도 그것은 조건 중의 조건이라고 할 수 있을 것 같다. 아무리 큰 권세와 많은 재산을 가지고 있더라도 자기 자신과 화합하지 않고서는 그 모든 것이 가시관에 불과한 것이 아닐까?

이렇듯 《바보 여신의 바보 예찬》에는 고전에 대한 깊은 지식과 아울러 인간사회의 건전한 상식과 인간의 행복을 위한 성찰이 풍부하게 들어 있다. 읽는 재미도 쏠쏠하다. 그렇지만 번역하는 과정은 처음부터 끝까지 꽤나 힘들었다. 헤라클레스의 고역만큼이나 힘들게 느껴졌다. 별로 게으름을 피우지도 않았는데 번역에 10개월이나 걸렸다.

그것은 우선 내가 전업 번역가나 연구자가 아닌데다 작업을 할 수 있는 시간에 제한이 있었기 때문이다. 회사에서 일이 끝난 다음에 시간을 아끼고 밤잠을 줄여가면서 작업을 해야만 했다.

게다가 나의 라틴어 실력은 너무나 부족했다. 무척이나 낯선 언어를 혼자서 공부했으니 그럴 수밖에 없다. 이 책을 라틴어 원전에서 직접 번역하기로 결심한 것 자체가 이미 무모하기 짝이 없는 일이었다. 영어 실력이 중학교 1학년 수준밖에 안 되는 주제에 대입수능시험 영어문제를 풀겠다고 덤빈 셈이다.

모르는 단어가 끝도 없이 나왔다. 그것들 하나하나를 사전에서 찾아보고 문법적으로 아리송한 것이 있으면 라틴어 교본을 다시 뒤져가면서 한 문장 한 문장 풀어나갔다. 그러는 동안 중도에 그만두겠다고 생각한 것도 한두 번이 아니었다. 그런데도 내가 끝까지 포기하지 않고 번역을 계속할 수 있었던 것은 결국 인류의 위대한 스승에 대한 존경심 때문이었다. 그리고 인간사에 대한 깊고 애정 어린 통찰과 해학이 나로 하여금 끝내 손을 떼지 못하게 했다. 에라스무스가 나의 이런 모습을 봤다면 "자네도 문법학자 못지않게 미련을 떠는군" 하고 힐난했을지도 모르겠다.

게다가 그리스어까지 여기저기 섞여 있어서 어려움이 더했다. 이 때문에 나는 기존의 국문 번역서와 영문 번역서를 원전과 대조하면서 여러 차례 검토를 거듭했다. 을유문화사에서 나온 《광우예찬, 군주론, 방법서설, 잠언과 성찰》(1995년)을 비롯해 강민정 씨가 옮긴 《우신예찬》(서해문집, 2008년)과 Betty Radice가 영어로 옮긴 Praise of Folly(Penguin Books, 1993년)를 참고했음을 밝혀둔다. 그렇지만 그것들은 참고만 했고, 무조건 의존하지는 않았다. 관련 서적이나 인터넷 등을 통해 원전의 단어나 문구 하나하나의 의미와 맥락, 유래, 출처 등을 최대한 찾아내고 확인했다.

그러고 보니 올해는 이 《바보 여신의 바보 예찬》이 처음 출간된 지 정확히 500년이 되는 해다. 내가 이런 세월의 숫자에 맞춰 이 책을 번역한 것은 아니다. 그런 사실은 번역이 어느 정도 마무리된 뒤에 에라스무스의 삶을 다시 살펴보면서 알게 된 것이다. 처음부터 의도한 것은 아니었지만, 바로 이 500주년에 내 손으로 이 책의 번역본을 내게 된 것은 나에게 더 없는 행운이 아닐 수 없다. 그렇기에 이 위대한 고전에 누를 끼치지 않기 위해 검토과정에서 더욱더 성심을 다했다. 내가 할 수 있는 한 최선의 노력을 기울였다. 그래도 이것이 완벽한 번역이라고 말할 자신은 없다. 번역에 오역이나 오해가 있다면 그것은 전적으로 옮긴이의 무지 탓이다.

이 책의 제목은 지금까지 《우신예찬》 또는 《광우예찬》으로 번역돼 왔다. 학창시절에 배운 세계사 교과서에도 《우신예찬》이라고 돼있었다. 모두 한자를 이용해서 붙여진 제목이다. 그렇지만 이런 제목은 지금 같은 한글전용 시대에는 어울리지 않는다. 때문에 다른 제목을 찾아야겠다고 생각했고, 고심 끝에 《바보 여신의 바보 예찬》을 채택했다. 이 책의 주인공이자 화자인 바보 여신의 이름이 라틴어 표기로 Stultitia인데, 이 단어는 '어리석음', '우매함', '바보' 등의 뜻을 갖고 있고 여성명사이기 때문이다. 또한 이 책은 화자이기도 한 주인공이 자신을 칭송하는 내용으로 돼있어서 엄밀하게 말하면

'예찬'이라는 말을 제목도 넣는 것도 정확하지는 않다. '자화자찬'이라고 하는 것이 오히려 정확할 것이다. 그렇지만 제목을 그렇게 붙이면 원전의 제목 Moriae Encomium에 어긋난다. 제목에서 예찬이라는 낱말까지 빼버리면 《우신예찬》이라고 배운 독자들에 대한 예의에도 어긋나는 일이라고 생각했다. 더욱이 주인공 여신도 만사를 너무 따지지 말라고 충고해주는 것 같았기에 결국 《바보 여신의 바보 예찬》이라는 제목을 이 책에 붙이기로 최종 결정했다. 본문 속에 나오는 stultitia라는 단어는 문맥에 따라 '바보 여신', '어리석음', 아니면 '바보'로 옮겼다.

이 책 저자의 이름을 일부에서는 '에라스뮈스'라고 표기하기도 한다. 아마도 에라스무스가 태어난 네덜란드에서 그렇게 발음한다는 이유 때문인 듯하다. 그렇지만 에라스무스는 어렸을 때 고향 로테르담을 떠난 뒤로 다시는 고향에 돌아가지 못했다. 또 그는 평생 네덜란드어를 사용하지 않고 라틴어를 사용했다. 그의 이름 역시 라틴어식이다. 따라서 굳이 네덜란드어식 발음을 챙길 필요는 없고 라틴어 발음대로 그의 이름을 표기하는 것이 옳을 것 같다. 그래서 저자의 이름을 에라스뮈스라고 표기하지 않고 에라스무스라고 표기했다.

아울러 출판사와 의논한 끝에 한스 홀바인(Hans Holbein, 1497~1543)이 이 책의 라틴어 원전에 그려 넣었던 삽화와 그 외에 그가 그린 에라스무스의 초상화 등을 이 책에 넣기로 했다. 홀바인은 에라스무스와 같은 시대를 살았던 독일의 화가로, 에라스무스의 추천서를 받아들고 영국으로 건너가 활발한 작품활동을 했다. 특히 에라스무스와 친했던 토마스 모어와 그 가족의 초상화를 그렸고, 나중에는 헨리 8세의 궁정화가로도 활약했다. 홀바인이 그린 훌륭한 초상화를 통해 에라스무스와 토머스 모어의 모습을 간접적으로나마 볼 수 있으니 참으로 고맙고 다행스러운 일이라고 하겠다.

이제 나는 제3의 인생을 준비해야 한다. 머지않아 30년간의 직장생활이 모두 끝나고 우수마발 같은 처지가 된다. 때문에 나는 지난날을 틈틈이 돌아본다. 지금까지 내가 잘못한 일이 참으로 많았다는 자책감이 작지 않다. 그렇지만 이런 회한과 자책감을 억누르고 어쨌든 정년퇴임 이후에도 내가 해야 할 일은 해야 하는 것은 분명하다. 그래서 우선 착수한 것이 이번 번역작업이었다. 말하자면 여생을 위한 연습이었던 셈이다. 그런데 연습 삼아 시작한 일 치고는 너무 벅찬 것이었다. 그렇게 힘든 일을 하는 동안 어느덧 10개월이라는 시간이 흘러갔다. 그 사이에 집 앞에 있는 나무에서는 꽃이 피었다가 졌고, 잎사귀도 진한 녹색을 뿜내다가 낙엽이 되어 떨어졌. 한겨울 매서운 바람과 눈보라를 견뎌낸 나무에서는 새로 잎이 돋아나면서 나를 보고 살며시 미소를 짓는다. 그 미소를 보니 힘들었던 기억도 꿈처럼 아련해지고 잊지 못할 추억으로 남는다.

  그 사이에 포기할까 하는 생각이 들 때마다 나에게 힘을 준 또 한 분의 은인이 있다. 다름 아닌 악성 베토벤이다. 번역을 하는 과정에서 번역 자체의 어려움에 시달리거나 여러 가지 잡념에 시달릴 때

마다 언제나 베토벤의 위대한 성악곡 〈장엄미사〉를 들었다. 그 음악을 들으면 잡다한 생각과 감정은 거짓말처럼 사라졌다. 특히 "도나 노비스 파쳄(Dona nobis pacem, 우리에게 평화를 주소서)"으로 끝나는 마지막 5악장을 들으면 마음의 평화가 다시 찾아왔다. 그러면 다시 작업에 매진할 수 있었다.

이번 작업은 힘들었지만 행복감을 주었다. 인류에게 불멸의 작품을 선사한 두 위대한 스승의 은혜를 동시에 누렸으니 나는 이중으로 행복했다고 말할 수 있겠다. 남은 인생에 대한 자신감도 어느 정도는 생긴 것 같다.

내가 이 작업을 하는 동안 격려해주고 기다려준 가족과 회사동료 및 친지, 그리고 출판사 필맥의 이주명 대표와 편집자 문나영 씨에게 고맙다는 말을 전하고 싶다.

2011년 3월 차기태

참고문헌

이 책을 번역하고 주석을 다는 과정에서 참고한 서적과 자료는 다음과 같다.

《국가》, 플라톤 지음, 박종현 역주, 서광사, 2008년.
《파이드로스》, 플라톤 지음, 조대호 역해, 문예출판사, 2008년.
《향연》, 플라톤 지음, 강철웅 옮김, 이제이북스, 2010년.
《편지들》, 플라톤 지음, 강철웅 · 김주일 · 이정호 옮김, 이제이북스, 2009년.
《에우티프론, 소크라테스의 변론, 크리톤, 파이돈》, 플라톤 지음, 박종현 역주, 서광사, 2003년.
《티마이오스》, 플라톤 지음, 박종현 · 김영균 공동 역주, 서광사, 2000년.
《알키비아데스 1, 2》, 플라톤 지음, 김주일 · 정준영 옮김, 이제이북스, 2007년.

《수사학 1》, 아리스토텔레스 지음, 이종오 옮김, 리젬, 2007년.
《영혼에 관하여》, 아리스토텔레스 지음, 유원기 역주, 궁리출판, 2001년.
《법률론》, 마르쿠스 툴리우스 키케로 지음, 성염 옮김, 한길사, 2007년.
《노년에 관하여/우정에 관하여》, 키케로 지음, 천병희 옮김, 도서출판 숲, 2005년.
《신통기》, 헤시오도스 지음, 김원익 옮김, 민음사, 2003년.
《변신 이야기》, 오비디우스 지음, 이윤기 옮김, 1994년.
《원전으로 읽는 그리스 신화》, 아폴로도로스 지음, 천병희 옮김, 도서출판 숲, 2004년.
《그리스 로마 신화 사전》, M. 그랜트 · J. 헤이즐 공저, 김진욱 옮김, 범우사, 1993년.
《그리스 로마 신화 사전》, 피에르 그리말 지음, 최애리?백영숙?이성엽?이창실 공동 번역, 열린책들, 2003년.
《소포클레스 비극전집》, 소포클레스 지음, 천병희 옮김, 도서출판 숲, 2008년.
《에우리피데스 비극전집 1, 2》, 에우리피데스 지음, 천병희 옮김, 도서출판 숲, 2009년.
《그리스 로마 희곡선》, 아리스토파네스 외 2인 지음, 최현 옮김, 범우사, 1989년.
《플루타르크 영웅전 1~8》, 플루타르코스 지음, 김병철 옮김, 범우사, 1994년.

《역사》, 헤로도토스 지음, 박광순 옮김, 1987년.

《일리아스》, 호메로스 지음, 천병희 옮김, 도서출판 숲, 2007년.

《오디세이아》, 호메로스 지음, 천병희 옮김, 도서출판 숲, 2006년.

《아이네이스》, 베르길리우스 지음, 천병희 옮김, 도서출판 숲, 2004년.

《실낙원》, 존 밀턴 지음, 조신권 옮김, 삼성출판사, 1988년.

《성경》, 한국 천주교 주교회의, 2005년.

《공동번역 성서》, 대한성서공회, 1986년.

《구스타프 말러 2》, 김문경 지음, 밀물, 2005년.

《가톨릭 성인전》, 김정진 편역, 가톨릭출판사, 1974년.

《신곡》, 단테 알리기에리 지음, 신승희 옮김, 청목, 2004년.

《인간본성에 관한 논고 2 정념에 관하여》, 데이비드 흄 지음, 이준호 옮김, 서광사, 1996년.

《법의 정신》, 몽테스키외 지음, 이명성 옮김, 홍신문화사, 1988년.

《몽테뉴 수상록》, 몽테뉴 지음, 손석인 옮김, 서문당, 1996년.

《몽테뉴 수상록》, 몽테뉴 지음, 민희식 옮김, 육문사, 1994년.

《소크라테스 이전 철학자들의 단편 선집》, 김인곤 외 옮김, 아카넷, 2005년.

《에라스무스 격언집》, 김남우 옮김, 아모르 문디, 2009년.

《슈테판 츠바이크의 에라스무스》, 슈테판 츠바이크 지음, 정민영 옮김, 자작나무, 1997년.

《에라스무스》, 롤란드 베인턴 지음, 박종숙 옮김, 현대지성사, 1998년.
《광우예찬 군주론 방법서설 잠언과 성찰》, 을유문화사, 1995년.
《우신예찬》, 강민정 옮김, 서해문집, 2008년.
Praise of Folly, translated by Betty Radice, Penguin Books, 1993.

이상의 작품들은 번역본을 위주로 하되 필요할 경우 인터넷을 통해 원문을 찾아 재확인하는 과정을 거쳐 참고했다. 특히 아직 한글로 번역되지 않은 다음과 같은 작품들은 인터넷을 통해 원문에서 필요한 부분을 찾아보았다.

Erasmus, *Adagia*.

Cicero, *De Oratore and Ad Atiicum*.

Decimus Junius Juvenalis, *Saturae*.

Lucretius, *De Rerum Natura*.

Plinius, *Naturalis Historia*.

Aulis Gelius, *Noctes Atticae*.

Horatius Flaccus, *Epistulae*.

—, *Sermones 1, 2*.

—, *Carmina 1, 2*.

—, *Ars Poetica*.

P. Terenius Afer, *Heauton Timorumenos*.

Dionisius Cato, *Disticha*.

Lucianos, *The Cock* (translated by F.G. and H.W. Fowler, 1905).

이 밖에 인터넷상의 다음브리태니커 백과사전과 위키 백과사전 등을 요긴하게 활용했다. 백과사전이나 각종 지식정보 사이트를 만들고 운영하는 사람들에게 머리 숙여 감사드린다.